冥界恐怖譚
鳥肌

徳光正行

竹書房文庫

目次

前乗りされる人

都心にあるバーでの話。

そのバーは入り組んだ雑居ビルの四階にある。

容易に見つけられる場所にないが故、ごく少数の常連がぽつりぽつりと来店し、自分のペースで酒を愉しむような、実に落ち着いた感じの店である。

人の紹介で私も顔を出すようになり、常連の一歩手前くらいにまでになった頃。

「徳光さんって怖い話を書いているんでしたよね？　この前ちょっと変なことがあったので聞いてもらえますか？」

珍しく客は私一人だった。普段は至って寡黙なマスターが話してくれたのが次の話だった。

その晩もいつものように常連客たちが数人、カウンターで酒と会話を楽しんでいた。

店の電話が鳴った。電話が鳴ることなど滅多にないので、客たちはカウンター隅に置かれた電話に視線をやった。

「もしもし、越野さんの紹介で電話しました、クラブSのミソノと言います。これから二時くらいに三人、アフターでお邪魔していいですか？」

聞いたことのない声だな、とマスターは思ったが、確かに越野さんは常連だし、彼の紹介ということで来店を快諾した。

受話器を置き時計に目をやると、間もなく一時半になろうとしている。

三人分の席を空けてもらうため、常連客たちに詰めてくれるように頼んでいると、

〈ギー〉

店の扉が開いた。

(あれっ、早いな)

マスターはそう思い、カウンターの客たちは全員、反射的に扉の方に顔を向けた。

〈パタン〉

ほんの少しの間を置いて扉が閉まった。その隙間に人は誰もいなかった。

一瞬、カウンターに妙な空気が流れるが、

「このビル古いから、ガタが来てるんじゃねえか？」

年配の常連客である湯本さんがそう言うと、ホッと空気が緩み、そうだなそうだなと
それぞれが自分のグラスに戻った。と同時に、

〈ギー〉

再び扉が開く。

〈パタン〉

誰かが手を添えたように、扉は先ほどよりも強い音を立てて閉じた。もちろんそこに
は誰もいなかった。誰と目が合うわけでもないが、無言で皆が顔を見合わせる。

「ちょっと、見てきますね」

空気を察してマスターは、カウンターを出て扉の外を見に行った。

雑居ビルの廊下には、人間はおろかネズミやゴキブリさえいない。

「建て付けですかね？　管理会社に明日問い合わせてみますよ」

そう言いながら店に戻ったマスターの背後で、いったん閉まった扉が――。

〈ギー〉〈パタン〉

開いて閉じた。誰もいないのに。

嫌な汗を背中に感じたが、マスターはそれを無視してカウンターに戻り、新たに注文された酒を作り始める。

〈ギー〉

妙な空気の中、扉が開き、またも皆の視線が集まる。

「すみません、先ほど電話しましたクラブSのミソノです。お邪魔してよろしいでしょうか？」

ドアの向こうから顔を出したのは、先ほど電話をしたという件のホステスだった。

深紅のロングドレスを身にまとった、愛嬌のある表情の美女だった。

店内にいた常連一同、そしてマスターの表情が安堵に変わる。

「お待ちしていました、三名様ですよね？」

マスターの言葉に促され、ミソノと彼女の客であろう軽く酔った風の男性二人がカウンターに用意された席に着く。

「焼酎ロック」「焼酎の緑茶割り」

男性たちの注文に続き、ミソノがオーダーをする。

「私はハイボールでお願いします」

その瞬間、

〈ギッ！〉

勢いよく扉が開き、三〇センチほどの隙間を開けてピタッと停止した。

その隙間に、同じ男の顔が三つ、縦に並んで店内を覗いている。どれも濁った排水のような薄茶色をしていたが、並んだ六つの目はギラギラ動いている。

それは、カウンターに座るミソノという女を凝視するように止まった。

店内の空気が凍りつく。

〈バタンッ〉

一瞬ののち、大きな音を立てて、いきなり扉が閉まった。

マスターは急いでカウンターから飛び出し、再び廊下に出て見回してみたが、誰がいるわけでもない。いつものエレベーターホールの風景が眼前にあった。

一つ深呼吸をして店に戻ると、常連たちや後から来た酔客は素面に戻りソワソワしていたが、ミソノだけはかったるそうに肘をつきタバコを吹かしている。

「迷惑なのよね。霊だかなんだか知らないけど、ああやって尾けてこられるとさ」

そうつぶやくと、手にしたグラスを一気に飲み干した。

「すみません、ハイボールおかわりで。ちょっと濃いめでお願いします」

ソノの注文に促されるままマスターはカウンターに入り、少し濃いめのハイボールを作ってコースターにのせた。

その後は扉にはなんの変化もなく、しばらくしたらミソノは二人の客とともに店を後にした。


数日後、ミソノに店を紹介したという常連客、越野が来たので、マスターはご紹介いただいたお礼を伝えると、

「ミソノ？　クラブSの？　そんなホステスいたっけなあ？　俺、知らないし、ココ紹介してないよ」

越野はキョトンとした顔をして、マスターの顔をのぞき込んだ。

深追いしてもよくないと判断したマスターは、それ以上言及せずに話題を逸らした。

「でね、ミソノはその一回きりしか店に来てないんです」

マスターは磨いていたグラスを置いた。

「そのミソノさんて人、越野さんとは本当に知り合いだったのですかね？」

私が質問すると、

「それっきり、越野さんも来なくなってしまったんですよ。でね、別件で用事があって電話したんだけど呼び出し音がなるだけで、いっこうに繋がらないんですよね」

別のグラスを取ると、キュッキュッと音を立てながら、マスターは磨き始めた。

その後も、バーの扉は稀に開閉することがあるという。

しかし、縦に並んだ顔が覗くことはないみたいだ。その顔に出くわすまで、私は通ってみようと思っている。

カラカラ

私と同世代の増本さんに聞いた話。

今でも鮮明に覚えているという「妙な経験」というのを、ゆっくりと話してくれた。

増本さんはひとりっ子だそうで、それもあってか幼少期には人見知りが激しかったという。学校でもなかなか友達が出来なくて、いつもひとりぼっちで行動していた。

野球などの運動も当然苦手で、おのずと家にいることが多く、唯一の友達はハムスターのイチだった。

八歳の誕生日が近づいた、ある日の夜。

「少し早いけど、誕生日プレゼントだ」

酒が入って上機嫌な父親は帰宅するなり、既にベッドに入っていた増本さんの枕元に紙袋を置いた。「でも、開けるのは明日の楽しみだからな」

するると、棚に置かれたゲージに入っているイチがモソモソと動き出した。

プレゼントは嬉しかったのだが、寝ていたところを起こされたであろうイチを不憫に思い、

「お父さん、イチが起きちゃったよ、かわいそうだよ。静かにして」

そう文句を言うと、

「そうかそうか、イチ、悪かったな」

上機嫌のまま、父親は増本さんの部屋を出ていった。

イチはゲージの中で変わらずモソモソガサガサしていた。プレゼントの中身が気になるものの「明日」と言われているし、イチの状態も気になったが、既に睡魔に負けてしまい増本さんはそのまま眠ってしまった。

翌朝、目を覚ますと、枕元に置かれたプレゼントを手に取った。

包装紙を破くと、ずっと欲しがっていた電車のオモチャの箱が顔をのぞかせた。

「やったー」

箱から取り出し、ピカピカのその車体を手にすると、

〈カラン〉

車両の中から妙な音がする。さらに上下左右に振ってみると、

〈カラカラカラ、カラカラカラ〉

何かが入っているのか、乾いた音が続く。

（なんだろう、この音？）

中を覗こうにも車両の窓の部分には黒いフィルムが貼ってあり、確認することができない。

「お父さん」と呼ぶ声を聞きつけた父親が部屋に来た。

「お父さん、電車の中からカラカラ音がするよ？　なんで？」

「なんだそれ？　そういうんじゃないのか？」

父親は増本さんの横に座り、差し出されたオモチャの電車を手に取って上下に振った。

〈カラカラカラ〉

やはり乾いた音がする。

「なんだろうな～」

父親はそう言うと立ち上がり、リビングにネジ回しを取りに行った。戻ると車両を解

体し出した。

上部と車輪部分のつなぎ目をパカッと外すと、ポロポロポロっと小さな白い棒のようなものが数本、床に転がった。

「なんだこれ？　鳥かなんかの骨みたいだな」

白い棒をつまむと、近くにあったゴミ箱に捨てた。

「気持ち悪いし、不良品のようだから取り替えてくるよ。誕生日の日に間に合うよ」

再び車両のネジをはめクルクルと締めると箱に戻すと、父親はそれを持ってリビングに戻っていった。

増本さんはそこで、ふと急にイチのゲージが静かなことに気がついた。

（昨日の夜、あんなに動き回ってたけど、大丈夫かな？）

起き上がってゲージを覗くが、イチがいない。

「イチ、イチ、どこ行ったの」

ゲージの蓋を外し、イチが潜り込んでいる小屋を持ちあげてみると――そこにイチらしい色と柄の毛並をしているが、ペタンコのものだ。

「イチ、イチなの？」

触ろうとして手が止まった。イチの毛皮だけがトレイに貼り付いていたのだ。

「ぎゃー」

増本さんの悲鳴に両親がすっ飛んできた。

そこで増本さんの記憶は途切れている。目が覚めたのは病院のベッドの上だった。

両親にイチのことを確認すると、二人は微妙な顔をしたまま、「イチは死んじゃったみたい」と話した。

そのペタンコになった毛皮以外、何もゲージにはいなかったのだという。

イチがどこに行ってしまったのかはわからなかった、となると、あの毛皮がイチだと思わざるを得ないという。両親は、それを既に処分してしまっていた。

その日のうちに退院した増本さんは、その後、人見知りだったことが嘘のように活発になり、友達もたくさん出来た。苦手だった野球にも興味が出て、帰宅の遅さを注意されるくらいワンパクになったそうだ。

「オモチャの電車の中に入っていたのって、鳥の骨じゃなくてイチの骨だったんじゃないかと思うんですよね。イチが自分の成長の妨げになっていて、それをオモチャの電車が救ってくれたみたいな」

勝手な想像ですけどね。

最後にそう締めると、増本さんは満足そうに大ジョッキのビールを飲み干した。

嘘にしては手がこみ過ぎているし、引っ込みじあんをハムスターのせいにするのもどうかと思うが、こんな話を創造するメリットも感じないので、私はこの大変奇妙な話を信じることにして、増本さんともう一軒酒席を共にした。

伝

「何かが視えるとか、そういった能力はないんですが、伝えたことがあるんですよね」

「伝える？」

「はいっ」

優しく澄んだ目をした奈那子さんは、どこか遠くに視線を送りながら話し始めた。

〈伝えた〉ことがあるのは奈那子さんが十二歳の時。

その晩もいつものように母親が作る夕ご飯を待ちながら、リビングのソファでボーッとテレビを眺めていた。父親は単身赴任中で母娘二人の生活だった。

「もうすぐ出来るわよ。奈那子、お手伝いして～」

母親の声に反応し、ソファから立ち上がった瞬間、立ちくらみがしてそのまま倒れ込んでしまった。

「奈那子、奈那子――」

遠のく意識の中で母親の声が幽かに聞こえてきたが、意識を取り戻したのは救急車の中だった。

病院に運ばれた頃にはすっかり元気になり、一応検査は受けたがどこにも異常は見つからなかった。

一緒について来ていた母親の顔を見上げると、安堵の表情を浮かべているのだが、どこか寂しげにも見えた。

「お母さん、どうしたの？　もう大丈夫だよ、元気になったよ」

奈那子さんが笑顔を見せて帰ろうとしていると、お母さんは堰を切ったように号泣し始めた。

「奈那子ごめんね。奈那子が元気になったのはとっても嬉しいんだけど、お祖母《ばあ》ちゃんが、亡くなったの」

「えっ？」

事態が飲み込めず唖然としていると、涙を拭きながら母親が話してくれたのは次の内容だった。

リビングから悲鳴が聞こえたので母親の美佐さんが急いで駆け寄ると、ソファにうずくまり頭をおさえた奈那子さんが泣き叫んでいた。

「頭が痛い、頭が痛い、左の頭が割れそう」

すぐに救急車を呼ぼうと電話を手に取ったところ、突然着信音が鳴り、わけがわからぬままそれに出ると、

「母さんが大変なんだ、すぐに来れるか?」

受話器の向こうで美佐さんの父親の動揺した声が聞こえてきた。そしてそれだけを言うと電話は乱暴に切られてしまった。

すぐにかけ直そうとも思ったが、目の前には奈那子がうずくまってる。

まずは娘の方をなんとかしなくてはと、改めて一一九番に電話をして救急車を呼んだ。同乗して病院に向かう途中で奈那子さんの容態はすっかり回復し、病院に到着した頃にはすっかり元気になっていた。

体調を取り戻したことは確かだが、異常があるかもしれない……医師の勧めもあって

検査を受けた。

その間に美佐さんは実家の父親に電話をしてみた。しかし、呼び出し音が鳴るばかりで応答する気配がしなかったので、両親の行きつけの病院に連絡をしてみた。

旧姓を伝え、そちらに運ばれたかを確認すると、まさにその通りで、しばらくすると父親が電話に出た。

「急過ぎてどうなってるのかわからんのだけど、母さんが死んだ」

普段は至って冷静な人間とは思えぬほどの、か細く弱った声が聞こえてきた。

「お父さん、何があったの？」

すぐに駆けつけたいが、今からは無理だ。そちらの状況を教えてほしい。

声を上ずらせながら美佐さんは父親に言った。父親も受話器の向こうでぽつりぽつりと話し始めた。

「珍しく俺が夕飯を作っていて、出来上がったから居間でテレビを見ている母さんを呼んだんだ。そうしたら、母さんが急に悲鳴をあげたんだよ。駆け寄ると――」

「頭が痛い、頭が痛い、左の頭が割れそう」

そう言い終わるか終わらないかのうちに泡を吹いて卒倒したのだという。すぐに救急車を呼んで病院に向かったものの、到着寸前に心肺停止してしまった。様々な処置が施されたが、鼓動は戻って来なかったのだ。

父親は今まで聞いたことのないような嗚咽を漏らした。

「お父さん、わかったから。明日そっちに向かうから」

電話を置こうとすると、

「母さん、亡くなる直前に〝奈那子に伝えた、奈那子に伝えた〟って言ってたんだよ。朦朧《もうろう》としていたから何のことだか本人もわかってなかったと思うけど——孫のことが気になったのかなあ」

そう言って再び嗚咽を洩らした。


朝一の新幹線で、母親とともに奈那子さんは祖母の元に向かった。死化粧をした祖母の遺体を前にして、可愛がってくれた祖母の死を実感して号泣したという。

死因は左側頭部の脳溢血だった。

奈那子さんが倒れた状態と同じであったという。

亡くなる直前の祖母の「奈那子に伝えた」という言葉の意味はなんだったのか？

祖母は孫の奈那子さんの身体を使って、娘の美佐さんに自身の死を伝えたのか？

それとも単なる偶然で同じ症状がほぼ同時刻に起こったのか？

後で思いかえせば不思議だね、と奈那子さんは母親の美佐さんと話をしていたのだそうだが――。


昨年末に母親の美佐さんが亡くなった時、奈那子さんの十歳の長女にも当時の奈那子さんと同じようなことが起こったそうだ。

「母は癌で亡くなったんですが、その時の痛みに対する苦しみ方が、まさに同じようだったんです」

ちょっと気味悪気に言った。もちろん娘さんはその後ケロリとして、健康そのものだ。

「この現象、わたしで始まって、どこで終わるのでしょうかね？」

奈那子さんの問いに、

「気を悪くしないでくださいね。あくまでも勘ですが、血族に女性が誕生する限り続くような気がします」

意地悪を言うつもりはなかったが、なんとなく思ったままを言葉にしたら、

「わたしが思っていたことをはっきり口にしてくださって、ありがとうございます。わたしも実は――本当にそう感じているんです」

にっこりと優しい笑顔を浮かべその場から静かに立ち去って行った。

呆助の「夢のままなら」

「徳光さ～ん、変なことが起こりました～」

嬉しそうに報告をしてくれたのは飲み仲間の呆助《ほうすけ》である。

酔うと性別相手かまわずキスをしてくる迷惑なヤツながら人柄は良く、夜の街で愛されている後輩だ。


酒飲みの呆助であるが、その夜は珍しく寄り道をせずに帰宅し、早めに床に就いたそうだ。酒を飲んでいないからか、なかなか寝付けずに何度も寝返りを打っていた。

深夜一時を過ぎた頃、ようやく瞼が重くなり眠りについた。

そして、夢を見たそうだ。

自分の眼の前にいるのは呆助の今一番大好きなアイドル、S美だった。どうやら呆助とS美は付き合いだして早々という設定のようだ。どこかからの帰り道、ふたりは手を繋いで並んで歩いているのだが無言である。今まさに、キスをしようか、どうしようか、と胸の裡でドキドキしているのである。その時――。

パッと目が覚めてしまった。

(くっそ～、なんでこんなタイミングで～)

布団の中で地団駄を踏みたい気分で、呆助は再び目を閉じた。奇跡的にその夢に戻ることが出来た。

(よし、今だ)

これはもうキスをするしかない！　呆助は目を閉じ、S美に向かって唇を尖らせた。

(あれ？)

ピキーンと体が硬直した。唇を尖らせたまま、身動きが取れない。目は開けられるのか試すと開いた。視界に入ってきたのは真っ暗な自分の部屋だった。

(これは金縛り？)

まったく身動きがとれず、動くのは眼球のみだ。

と、その時、

〈ガチャガチャガチャ〉
玄関のドアノブを乱暴に回す音が聞こえる。
（なんだ、なんだ）
思いはするが声が出ない。
〈ガチャガチャ……ガタン〉
ドアが開いた。
〈バタン、ミシッミシッミシッ〉
足音が近づいてくる。
〈バタンッ〉
寝室のドアが開いたが、真っ暗なため姿が見えない。ただ気配は感じる。
〈ドサッ〉
目には見えない気配がベッドに乗ってきた。
（なんだよ、やめてよ～）
ちびりそうになった。そして呆助の尖った唇になにかが触れる。
（んっ？）

ざらざらしている。毎夜酔っ払うと味わう髭の感触だった。相手性別構わずキスをしているのだから、オジサンの髭の感触は何よりもわかっている。

（ギャー、嫌だー、今俺は素面なんだー）

そう思った瞬間、気配が姿を現した。

無精髭の濃い、分厚く濁った眼鏡をかけた肥満気味な男。呆助はその男を見たことも会ったこともなかった。そいつが呆助の上に重なるように乗り、キスを迫っているのである。

（嫌だ～やめてくれ～）

男のむっちりした唇が唇に重なる感触がし、同時に腐った魚に糞尿をぶっかけたような臭いが鼻孔に流れ込んできた。必死に堅く結んでいる唇を、男の舌がこじ開けて入ってこようとしている。ああ、もう駄目だ！

「嫌だー、お前じゃない！」

やっと声が出た。すうっと眼鏡の男は呆助から少し離れ、濁った眼鏡の奥から射るような眼で呆助を見ながら、

「お前じゃないって、どういうことだ！」

怒号が頭の中に直接響いたように聞こえたと思った途端、呆助は意識を失った。

気がつくと朝だった。

（あれはすべて夢だったのか？）

起き上がり洗面所に向かおうと部屋を出た途端、うっとうめいた。

廊下には、見覚えのない泥だらけの靴跡が残っていた。

そして鼻孔に残った悪臭にも気がついた。


「これって夢だったんですかね？　現実だったんですかね？」

呆助の問いに、私は脅かしの意味も込めて言ってやった。

「酔っ払ったお前に無理矢理キスされた男たちの生き霊だよ」

「やめてくださいよ、これから気をつけよう。キスしそうになったら止めてくださいね。でも、S美ちゃんともう少しだったのにな～」

実に呆助らしい言葉で会話を締めたので、これからも注意しないでニヤニヤと呆助の行動を見守ることにしようと思っている。

想いよ届け

田川さんには朋生《ともお》くんという三つ歳下の従弟がいた。

その朋生くんにまつわる話である。

朋生くんは生まれつき体が弱かったこともあって、両親や祖父母に大切に育てられていたという。田川さん自身も隣町に住んでいたので、漫画やオモチャを持ってたびたび朋生くんのところに遊びに行っていた。

そんな病弱な朋生くんもなんとか幼稚園に上がり、友達も出来るようになった。

その中に和也という男の子がいた。とにかく粗暴な行動を取る子供で、幼稚園の中でも、家の周囲の住人からも、厄介者扱いをされていた。朋生くんは、生まれてからずっと大切に育てられてきたので、人の意地悪や悪意のある行為というものに接したことが無く、故に認識が無いも同然だった。

他の園児たちは和也を嫌って避けていたのだが、朋生くんは家が近所なこともあり、普通に友達として接していた。

ある日、朋生くんの家に和也が遊びに来た。

はじめのうちこそ大人しくしていた和也だったが、朋生くんの大切にしていた戦隊ものの変身セットを見つけるとがぜん興奮し始めた。やがて、朋生くんを怪獣に見立てると殴る蹴るとやりたい放題である。

朋生くんのお母さんもいい加減、黙っていられなくなり、暴れる和也を押さえつけて「そんな乱暴をするならもうおうちにお帰りなさい」と叱ると、和也は「もうしないもうしない、ごめんなさい」と言って泣き出したので、お母さんも笑顔で許しておやつの準備を始めた。

「エーーン、やめてー」

リビングから朋生くんの泣き声が聞こえてきた。慌てて向かうと、和也は再び朋生くんを攻撃していて、あげくの果てに変身セットを破壊、お母さんが大切にしていた花瓶も割ってしまっていた。

「なんなの、あなた！　もう帰りなさい！」

お母さんは和也をつまみ出し、玄関の鍵を閉めた。

しばらくドアの外から和也の泣き声が聞こえたのだが、無視をしていると〈コッッコッッ〉と何かがドアに当たる音が聞こえる。

覗き窓を覗くと、道で石を拾ってはドアに投げつけている和也の姿があった。

「何をやってるの、早く帰りなさい！！」

たまらず扉を開けてそう叫ぶと、

「うるせ～バカババア。朋生なんて死んじゃえ」

叫ぶと同時に唾をべっべっと飛ばしながら、和也は走り去っていった。

さらに玄関先には湯気の上がった黄色い水たまりが広がっていた。

帰宅したお父さんに、お母さんがこのことを伝えると、

「朋生はお母さんのこと好き？」

お父さんが朋生くんの頭を撫でながら問うと、朋生くんは大きく頷いた。

「じゃあ、大好きなお母さんを困らせる子とは仲良くしちゃだめだよ」

さらに大きく頷くと、朋生くんはベッドに入り眠りについた。

翌日、朋生くんとお父さんを送り出したお母さんが家事をしていると、電話が鳴った。受話器を取ると、

「おい、お前、うちの子に何したんだよ？　ふざけんなよ」

下品な言葉をまくし立てる女の声が鼓膜をつらぬいた。

「どなたさまですか？」

静かにそう返すと、

「どなたさまじゃねえんだよ。和也がババアにいじめられたって言ってんだよ。どうしてくれんだよ？」

和也の母親らしき女がさらに怒鳴り散らしている。（冷静に冷静に）と自分に言い聞かせながら、お母さんが昨日の出来事を説明するが、相手は聞く耳を持たない。

「何言ってんのか、わかんねんだよ。今度なんかあったら、ただじゃおかねえからな」

言い捨てると乱暴に電話を切られた。

呆然としたが、しばらくするとふつふつと怒りが湧いてきた。この親にしてあの子供ありじゃないか！

やがてお迎えの時間になり母親が幼稚園に向かうと、保母さんが駆け寄ってきて園長

室に呼ばれた。頭髪をザンバラに切られた朋生くんが俯《うつむ》いて座っていた。

「えっ？　どうしたの？」

園長が言うには、和也に工作のハサミでやられたのだという。顔が白くなるほど怒りがこみ上げたお母さんに、「和也くんのお母さんにも話して注意しておきました。子供のやることとはいえハサミを人に向けて使用するなんてとんでもないですから」

今回は穏便に済ませて欲しいと、注意が行き届かなかったことを平に謝られた。

「おうちでお母さんが髪の毛をちゃんと整えてあげる、大丈夫だから行こうか」

とりあえず家に帰ってくるとお母さんは、朋生くんにお着替えしてきてと子供部屋に行かせると、リビングにある電話に向かった。

そして先ほどの電話のリダイヤルを押した。

数回のコール音が鳴り、向こうが出ると同時に、

「何してくれるのよ、あなたどういう教育をしてるの！　こっちこそ許さないからね」

そう捲《まく》し立てると、一方的に電話を切った。

いくら園長に謝られても気が済むはずがない。これぐらいのことは言わせてもらう。

一旦、落ち着きを取り戻した頃、朋生くんが着替えてやってきた。

「朋生ごめんね。辛かったよね」

そう言って、もう一度朋生くんを強く抱きしめた。

「お母さん、大丈夫だよ。ありがとう」

朋生くんの顔が先ほどと違い晴れやかになっている。お母さんは息子の健気さを思って涙ぐんだ。しかし朋生くんは、

「オジさんが大丈夫って言ってたから、もう大丈夫」

「んっ？　オジさんて誰？」

思いがけない朋生くんの言葉に、お母さんは一瞬言葉を失った。

「誰でもない、オジさんはオジさん」

言い終わるやいなや、急にぐったりとしゃがみこんだ。顔を触ってみると、物凄い熱である。

「やだ！　朋生！　どうしたの？　朋くん？」

抱きかかえると車に乗せ、急いでかかりつけの病院に向かった。

病院で一応の検査はしたがどこにも異常が見つからなかったうえ、熱も引いてケロッと調子が良くなったので、一時的なヒステリーに近い症状、ということで帰された。

和也にいじめられたことが思いのほかショックだったのだろうと、明日からどうしたものかとお母さんは考えていた。帰りの道中でふと思い出して、

「朋生、さっき言ってた、オジちゃんて誰のこと?」

そう訊ねても朋生くんは「知らないよ」と首を横に振るばかりだった。

その晩、帰宅したお父さんに、お母さんは今日の出来事を報告した。

「朋生が行きたくないなら、幼稚園には行かなくてもいいんじゃないか? なんなら幼稚園を変えてもいいだろ?」

話を聞き終えたお父さんがそう言うと、

「大丈夫だよ、もう大丈夫」

先ほどより格段に元気な表情になった朋生くんがそう言い張った。

(だったら、いいのかな。この子も強くなったのかな)

お父さんとお母さんは朋生くんの判断を優先することにした。


翌朝、ふたりを見送ったお母さんは、近所を複数のサイレン音が走っているのが妙に気になった。そして昼前、電話が鳴った。ご近所のママ友のひとりだった。

「朋生くんママ、大変よ。和也くん、亡くなったんだって。私はたまたま聞いたんだけど、そのうち幼稚園から連絡が来ると思うわ。どうも母親の彼氏に殴り殺されたんだって。悪ガキだったけど、さすがに可哀想よね」

あまりに突然の出来事にお母さんは驚いた。と同時に、これで朋生くんがいじめられないで済む、と少しだけホッとした自分をちょっと嫌悪した。

そこで、そういえばと思い出したのが、朋生くんが言っていた「オジさん」の言葉だった。何かが妙に引っかかった。

翌日、保護者会が行われた。事件に関しての説明を受けて、お母さんは朋生くんと一緒に帰路についていた。

「朋くん、前にお話してくれた〈オジさん〉って誰のこと？」

朋生くんは足元を見ながら何も言わず歩いている。

「〈オジさん〉が大丈夫って言ってるって、朋くん言ってたじゃない？」

二度目の問いに、朋生くんは顔を上げてお母さんを見た。

「知らないよ、何それ？」

そう言った朋生くんの口元が、今までに見たことのない歪み方をしていた。

それきりその話はしなかった。

二十年以上経った今でも、お母さんはあの日の朋生くんの歪んだ口元が忘れられないでいる。

見えざる手

前の話の取材から一週間も経たないうちに、出身地も年代も違う別の人物から同じような話を聞いた。

これも何かに導かれたと解釈し、続けて記すことにする。

佐藤さんの娘さんである真由美ちゃんの幼稚園で起きた話である。

真由美ちゃんの友達に史奈ちゃんという子がいた。

駆けっこもお絵描きも得意で活発な真由美ちゃんとは正反対で、史奈ちゃんは準備が遅かったり忘れ物をしたりというおっとりした子だった。何故かふたりは気が合うようで、いつも一緒に行動する仲良しだった。

そんな史奈ちゃんをいじめのターゲットにする憲治という男児がいた。

じょうろで水をかけたり、上履きを隠したり、鞄に虫を入れたりと、史奈ちゃんにないかと絡んで嫌がらせをしていた。

おっとりとトロくて何も言い返せない史奈ちゃんに代わって、勝ち気な真由美ちゃんは強く注意し、時には取っ組み合いの喧嘩をして憲治を打ち負かし泣かせたりもしていた。しかし憲治はズル賢く「真由美ちゃんと史奈ちゃんにいじめられた」と先生に泣きついたりするので、結局注意をされるのは真由美ちゃんと史奈ちゃんだったりした。

真由美ちゃんは家に帰ると憲治の文句を言っていたが、佐藤さんも奥さんも子供の喧嘩と思い、深く介入することはせず微笑みながら見守っていた。

そんなある日、史奈ちゃんのお母さんにガンが見つかった。これから手術や治療を受けるとのことで、佐藤さんの奥さんは出来る限り史奈ちゃんの面倒をみると約束した。史奈ちゃんのお弁当も一緒に作ってあげたり、幼稚園から二人を連れて戻り、忙しい史奈ちゃんのお父さんが深夜にお迎えにくるまで預かったりしていたという。

憲治はそういった史奈ちゃんの家の事情を子供ながらに敏感に察知し、さっそくいじめの中に取り入れた。

「史奈はガンの子、おまえもガンになっちゃえ」

よくわかっていなくても、それが人を傷つける言葉だということは理解しているのが子供だ。囃《はや》したてられて、史奈ちゃんもわけがわからないなりにも傷つく。

佐藤さんの奥さんは、

「気にしなくていいからね。史奈ちゃんが元気にいい子にしていれば、お母さん帰ってくるからね」

と言って頭を優しく撫でた。

しかしその言葉も虚しく、末期だった史奈ちゃんのお母さんはの容態は急変し、あっという間に帰らぬ人となってしまった。

告別式に参列した佐藤さん家族は遺影に向かい、これからも史奈ちゃんを娘同様に見守っていくからと誓った。帰り際にも史奈ちゃんのお父さんに、

「ひとりで史奈ちゃんの面倒を見るのは大変でしょうから、なんなりと頼ってください」

と声をかけた。さらに隣でもじもじとしている史奈ちゃんを強く抱きしめながら、

「史奈ちゃんのことはお母さんがお空で見守ってくれてるから、元気いっぱい頑張ろうね。真由美ともいっぱい遊んであげてね」

涙で声を震わせながら言った。

それからしばらく経ち「お母さんがいない、お母さんに会いたい」とことあるごとに泣いていた史奈ちゃんもようやく落ち着いてきた。

その日は幼稚園での運動会。

史奈ちゃんのお父さんが仕事で昼過ぎからしか参加できないというので、佐藤さん家族は真由美ちゃんと史奈ちゃんのお弁当を持参して参加した。

懸命に駆けっこで頑張る真由美ちゃんと、元気を取り戻したが相変わらずおっとりの史奈ちゃんたちを見ながら楽しんでいると昼食の時間になった。

四人でお弁当を広げていると、憲治が冷やかしにやってきた。

「あれ、史奈のかあちゃんは？　死んだんだった。死人の子、死人の子。おまえも死んじゃえ」

「なに言ってるの、あなた！」

あまりにも心ない言葉に、奥さんが声を上げた。

「いいの、大丈夫だもん。お母さんが守ってくれるもん。お母さんが叱ってくれるもん」

今までにないくらいしっかりした口調で史奈ちゃんが言い、またこれまでに見たことのない強い眼光で憲治を睨みつけた。

その眼力に気圧されたのか憲治は後ずさりをし、

「うるせ〜、ば〜か。お前の母ちゃん死んでるくせに」

そう悪態をついて走り去ろうと振り返ったその瞬間、誰かに突き飛ばされたように憲治の体は派手に倒れ込んだ。そしてまるで見えない何かが彼の足を掴んで引っ張ったように、地面の上をズズズーと音を立てて移動した。

一瞬の出来事だったので、佐藤さん夫妻も真由美ちゃんもまわりにいた人たちも呆気にとられ言葉を失っていた。

数メートル先で憲治の体は止まったが、膝や肘、腿や腕から大量の出血をしている。泣き叫ぶ憲治の声で、園内が騒然となった。

（あれっ？　史奈ちゃんは？）

奥さんは振り返ると史奈ちゃんを見て、思わず息を呑んだ。

泣き叫ぶ憲治を凝視しながら史奈ちゃんの口角はニヤッと上がっている。

奥さんの視線に気がつきハッとしたような顔になると、堰を切ったように泣き出したという。

その日から数年経った今でも、真由美ちゃんと史奈ちゃんは同じ小学校に通い、変わらず仲良しのままでいるそうだ。

しかし今でも奥さんは、あの日あの時の史奈ちゃんの表情が忘れられないと言う。

偽輩

「怖いというより不思議でしたね、あれ何？　的な」

柚木さんが語ってくれたのはなかなか興味深い話だった。

ある日の深夜のこと。常日頃体を鍛えている柚木さんは、ジムの帰り道にふらっとコンビニに寄った。なにか目的があるわけでもなかった。

閑散としていてほとんど客はいなかった。柚木さんは取り敢えず立ち読みをしようと思い、本棚に向かった。

立ち読みをしている先客がいて、後ろを通るときに肩が触れた。

「あっ、すいません」

ぶつかるというほどのものではなかったが、一応ひと声かけた。

「あっ、別に」

先客はそう言うと、再び手にしていた雑誌のページに目を落とした。

柚木さんも少し離れて横に並び、写真週刊誌を手に取ってグラビアページをしげしげと眺めていた。すると、

「ワレ、どこの組のもんじゃ？」

耳元で声がした。顔を向けると、先ほど肩が触れた先客で、なぜかすごいヤンキー顔をして柚木さんに凄んできていた。

「ワレ、舐めとんのか？」

「はあ」

柚木さんが軽く会釈して流すと、続けざまに凄んでくる。身長一八〇センチでジムで鍛えている柚木さんは胸板も厚く腕も太い。対して相手は一六〇センチあるかないか、体重五十キロもないんじゃないかと思うほどの貧弱な男だった。

手には、いわゆるそっち系の記事が充実している実話誌が握られてる。

腕には自信がある方だが、こんな場所でこんなちんけなヤツといさかいを起こしたくないと思った柚木さんは、

「先ほどはすみません、ぶつかってしまって」

と頭を下げた。

「ぶつかったとかどうでもいいんじゃ。どこの組のもんじゃ？」

男が凄んでくる。完全にイった目つきで、息が生臭い。

（これは埒があかない）と判断し、店員を呼んだ。

「どうしました？」

店員は慣れた口調でふたりの間に入った。

「僕、この人に脅されてるんです、助けてください」

と貧弱男は、急にすがるような態度になって店員の影に隠れた。

「いやいや、凄まれたのは僕の方ですよ」

柚木さんが（おいおい）と思いながら冷静に言うと、

「おまえが脅してきたんじゃろが〜」

と男が店員の影から再び悪態をついてくる。その言葉に栖にされている店員も呆れたように苦笑いを浮かべていたが、柚木さんも面倒くさくなったので、

「店員さん、すみません。もう、面倒なので店、出ますね」

と、雑誌を置いてコンビニを出ようと歩き出した。

「こら、負け犬。さっさと帰れ、ボケ！」

追い打ちのように男の言葉が背中に刺さった。これにはさすがにカチンと来て、

「迷惑かけるのもあれなんで、自分はこいつと一緒に店を出ます」

店員にそう伝えると、男に目を据えて凄味のある声をかけた。

「上等じゃコラ！　おもてで話つけたるわ」

顎で促し、柚木さんは先にコンビニの自動ドアから外に出た。

さあ、これはどうしたものか？　口喧嘩で終わらせるか？　それとも拳を交わすか？

しかし先に手を出して警察に連絡されるのも面倒だと思ったので、貧弱男に二、三発殴らせて倍返しすればいいか、と思っていると、いきなり貧弱男が後ろから柚木さんの襟首を掴んできた。

（こいつ！）と思ったものの、握力はびっくりするほどない。

「おい、じゃあ二、三発殴ってくれ。そうしたら、俺もいくから」

そう言うと同時にパンチが飛んできた。これまた蚊の鳴くようなパンチとはこのことというくらい威力がない。

「あ、続けて」

柚木さんの言葉に呼応し、その後も何発も顔を目掛けて拳が飛んでくる。いくら食らっても痛くも痒くもない。

しばらくすると、貧弱男の目の色が変わり、

「もう勘弁してもらってもいいですか？　限界です」

肩で息をしながら訴えかけてきた。

「いいよ、気が済んだ？　もう帰りなよ」

殴り返す気などとっくに失せた柚木さんが優しくそう返すと、貧弱男は頭を下げて申し訳なさそうに停めてあった自転車に跨がった。しかし去り際に、

「今日は許したるけど、次は血を見るぞ、コラ」

と言い捨てるやいなや、唾を吐き飛ばしながら暗闇に消えていった。

（新喜劇？　何かのどっきり？　今のこの時間はなんだったのか？）

柚木さんとしては首を傾げながら帰路に着くしかなかった。

それから数週間後の深夜、柚木さんは件のコンビニの近くにある牛丼屋に入った。

客は柚木さんを含めて四人だった。

券売機でチケットを買い着席すると、ジトッとした視線を感じた。その方向に目をやると、あの貧弱男が座っていた。

（あっあいつ！）

怒りより笑ってしまいそうな感情を抑え、視線を外して下を向いていると、貧弱男の様子がおかしい。立ち上がって、出入口と座っていた座席の間を行ったり来たりし始めたのだ。

「あの日はまぼろし、あの日はまぼろし、あの日はまぼろし」

ぶつぶつと意味不明な独り言を言っている。

相変わらず迷惑なやつだ、柚木さんはさり気なく見ながら思った。関わるのも厄介なので、無視して牛丼を食らっていると、ついに貧弱男は店を出ていった。

どこかホッとし、牛丼の残りをかきこむと店を出た。

すると貧弱男が店の前で、柚木さんを待ち伏せしていた。

「どうするの？　またやるの？」

柚木さんが面白がって声をかけると、

「おまえのせいだからな、おまえが全部悪い！」

そう大声で叫んだと思ったら、歩道からいきなり飛び出した。

「危ない！」

車道の真ん中で貧弱男が仁王立ちしている。そこに車が近づいてきた。どうすることも出来ず柚木さんが呆然と車道を見ていると、車は減速することなく貧弱男を跳ね飛ばして通り過ぎていった。

（えっ）

いや、跳ね飛ばされたと思ったが、視線の先に貧弱男はいなかった。ただ行き交う車が走っているだけだ。振り返っても反対側の歩道にも貧弱男の姿はなかった。

柚木さんはあいかわらずその界隈に住んでいるが、それっきり貧弱男を見かけることはなかった。

「これって、コンビニで遭遇したときから幽霊だったんですかね。それとも、コンビニで遭遇してから牛丼屋で再会するまでの間に死んだんですかね？　でも、息が臭かったから、コンビニで絡んできた時は生身の人間だったんだと思うんですよ」

首を傾げる柚木さんに、

「コンビニの外で貰ったパンチ、感触なかったんでしょ？　じゃあ、息が臭かろうがその時点でこの世のものじゃなかったと思いますよ」

そう返すと、

「やめてくださいよ、急に怖くなりました」

屈強な体を縮こまらせて震えていた。

向かいの雑木林

村井さんが通っていた中学校の向かいには、鬱蒼《うっそう》と生い茂る雑木林があった。

どんなに快晴の日でも、そこだけはジメっとしていて陰鬱な暗さを漂わせていた。

そんな雰囲気を醸すだけあって、学生の間では夕方になると呻き声が聞こえるなどといった噂話が行き交っていた。教師をはじめ大人たちは、木の擦れる音がそう聞こえるだけであって空耳に違いないと取り合わなかった。

当時そういった話をまったく信じない唯物論者だった村井さんも、大人たちと同じ意見で、まわりで騒ぐ同級生たちに見下すような視線を向けていた。

ある雨の日の帰り道、ひとりで下校していると雨音にまぎれて、

〈うぁーーうーー〉

という呻き声のような音が聞こえてきた。木の擦れる音だと信じたかったが、妙にリアリティがあるというか、呻き声にしか聞こえないと感じてしまい急に怖くなった。足早に雑木林の前から去ろうとすると、今度は後ろから〈ピチャッピチャッ〉と足音が聞こえる。振り返るのも嫌なので、傘を片手に全力で走り出した。

〈ピチャピチャピチャピチャピチャ〉

村井さんの速度に負けない早さで足音もついてくる。必死に走り抜き自宅に到着すると鍵を閉めチェーンをかけた。

「どうしたの、あんた?」

母親が驚いて玄関までやってきた。ことの顛末を説明すると、

「振り返って確認しなかったんでしょ? じゃあ、気のせいかもしれないじゃない。でも本当の不審者とかだったら恐いから、お父さんが帰ってくるまでチェーンをかけたままにしときましょう」

そう言うと台所に戻り、夕食の支度を再開した。

父親の帰宅後、その日起こった出来事を伝えると、ほぼ母親の返答と同じことを言われたのだが、それに加えて、

「変質者だったら大変だから、防犯ベルを持つようにしなさい。明日の帰りに買ってくるから」

　ということになった。

　その夜、村井さんはどうしてもあの〈呻き声のようなもの〉〈足音のようなもの〉が気になって寝付けない。何度も寝返りを打っていると、

〈ピチャッピチャッ〉

　窓の外からあの音が聞こえてくる。うわっと思い、布団をかぶって耳を塞いでも、

〈ピチャッピチャッ〉

　音は続いている。

「やめて！」

　大声で叫ぶと、両親が村井さんの部屋にすっ飛んできた。

「どうしたの？」

　肩を擦ってくれた母親にわけを話すと、

「なんだ、それは。そのまま待ってろ！」

　父親がリビングに走り、ゴルフクラブを手に持ち村井さんの部屋に戻って来た。そし

てカーテンを開けた。

「ぎゃーーー」

村井さんと母親は大声を上げた。

泥と血が混じったようなどす黒い赤い手形が、窓にびっしりとついている。

その光景と母娘の悲鳴に父親も一瞬動揺したが、すぐに冷静さを取り戻すと果敢にも窓を開け辺りを見回した。

雨音が響くだけで人の気配などなかった。

その夜は結局、三人で一階の両親の寝室で眠ることにした。

翌朝、村井さんは嫌々ながら荷物を取りに、自分の部屋に向かった。

「お母さーん！」

大声を上げるとまた両親がすっ飛んできた。

三人の目の前にあるのは、手形などひとつもない、いつもどおりの綺麗に磨かれたガラス窓だった。

「とにかく——このことは忘れよう」

父親はボソリといい、母親も村井さんもただうなずいた。村井さんはその後、学校に行くために家を出た。

雑木林の周りに人が溢れて騒然としている。パトカーと救急車の赤色灯がグルグルと廻っていた。

「どうしたの？」

立ち止まっている野次馬の中に、同じクラスの中村さんがいたので声をかけた。

「この雑木林で女の首吊り死体が見つかったんだって。みんなそう話しているだけで見たわけじゃないんだけど」

一緒に学校に向かって歩きながらそう言った。村井さんはそれを聞いて、何やら自分の中でつながるような気がしたが、やがて忘れてしまった。

それっきりである。何があるわけでもない。十年以上経った今でも雑木林はそのままあるそうだ。

「それが最近、急につながったんです。思えば、あの時の窓ガラスについた手形って女の手のサイズだったんだって」

「じゃあ、怪異を信じるようになったんだ」

「いえ、たった一度なので信じてません、ていうか信じないようにしてます」

話は終わり、ふたりで焼酎のソーダ割りをおかわりした。

離脱

今は二児の母として子育て奮闘中の今井さんだが、大学生の頃はミュージシャンを目指していて、かなりイイところまで行ったそうだ。

「過去の栄光をひけらかすみたいであんまり言いたくないんですけど、ＱのＣＭの曲って覚えてます？　あれ、わたしたちのユニットの曲なんですよ」

確かに当時よく耳にしていた曲だ。かなりイイどころではない、しっかりとしたミュージシャンだったのだ。わたしが大学生の頃にやっていたコミックバンドとはえらい違いだ。

それはさておき、そのユニットの相棒である男性との間で不思議な現象が起こったそうで、その話を聞かせてくれた。

「わたしには彼氏がいて相棒には彼女がいたんですけど、その相棒の彼女っていうのが凄く嫉妬深くて、はっきり言ってモノ作りの邪魔でしたね」

わたしも曲がりなりにも音楽をやっていたからわかるのだが、レコーディングや打ち合わせなんかをしていると、平気で三、四時間、周りと遮断されてしまうことがある。レコーディングにいたっては、ほぼ一日スタジオにこもりっきりになってしまうことも何度かあった。休憩の際にメールの確認などはできるのだが、やり取りをし出すと面倒なので、ただ目を通すだけになることが多かった。

わたしの場合、嫉妬してくれる人がいなかったので、深刻な事態にはならなかったが今井さんの相棒はそうではなかったようだ。

「今すぐ会いたい」「今井とどうなってるの？　死にたい」「今会いに来てくれないともう会えなくなるよ、サヨナラ」「わたしが邪魔？　じゃあ死ぬね」などなど。

そんなメールが音楽活動をしていると続々届くので、相棒は辟易としていたそうだ。

「彼女を幸せにしてあげなよ」

何度かそうすすめたが、相棒も音楽に対する思いが強くそこは譲らなかった。と同時に、今井さんにもいつも頭を下げていたそうだ。

「結局、お人好しが過ぎて、かまってちゃんを引いちゃうんですよね、彼は」

音楽に対しては妥協を許さない男だったが、私生活では少々勝手な女性に振り回されることが多いタイプだったようだ。


「で、あの日がやってきたんです」

ちょうど携帯電話過渡期で、電話とメール機能だけだった携帯に、カメラ機能が搭載され、それがメールで送れるようになり始めた頃のことだ。

その日は今井さんのアパートで、翌日に控えたレコーディングのための打ち合わせをしていた。その打ち合わせの最中、何度もメールが届く着信音が鳴った。その度に彼がメールをせこせこ返しているので
「いいかげんにしてよ、全然進まないじゃない。今日はもうやめよう、ていうかもうやめる?」

今井さんは声を荒らげた。

「ごめん、気を使えなくて。無音にするから続けよう」

相棒がマナーモードに設定し謝ってきたので、打ち合わせを続行した。

メールを気にしなくなった相棒は次々と良い案を出し、打ち合わせはスムーズに進んだ。あとは明日のレコーディングを迎えるだけとなったので、そろそろ解散しようとなった時、相棒は携帯に手を伸ばしマナーモードを解除した。

するとメールが連発でどんどん届いてきた。

「やっぱりね。もう打ち合わせは終わったんだから彼女のとこに行ってあげなよ」

フッと笑いながら相棒を見ると、彼の顔色が悪い。

「どうしたの？」

「やばい、どうしよう本当に死ぬって」

彼は唇を震わせている。

「何？　見せてみて」

相棒の携帯を奪い画面を見ると、写メールに手首と首を切って真っ赤に染まった彼女が写っていた。

「何してるの？　早く救急車呼んで！　彼女の住所を教えて！」

そう言って相棒の肩を揺すったがまったく動かない。携帯を手にしていた状態のまま固まっている。

「ちょっとどうしたの？　何やってるの？」

さらに彼の両肩を持って揺すってみるが、関節すら動かない。その目も開きっぱなしで瞬きもしない。まるで死後硬直しているようになってしまった。

パニックになった今井さんは自分の携帯を手にし、救急車を呼ぼうとしたがなぜか圏外になっている。彼の携帯にいたっては電源が落ちてしまい画面が真っ暗になっている。

家の電話からかけようとしても、こちらも〈ツーッツーッツー〉と、通話中を告げる音が鳴っている。

（どうしようどうしよう）

動揺して頭を抱えた今井さんだったが、近所のコンビニの前にある公衆電話から救急車に連絡をしようと考え、鍵を握り靴を履こうとしていると、

「もう大丈夫、全部大丈夫だったから」

相棒が急に話し出した。

「何言ってるの？　心配させないでよ」

恋人ではなくただの相棒だったが、嬉しくなり抱きついてしまった。

「あっ、ごめんね。でも、離れて」

相棒は照れくさそうに今井さんの肩を押した。

「失礼でしょ、こんなに心配かけたのに」

今井さんが泣き笑うと、相棒がこの数分間で体験したことを話し出した。


彼女からの写メールを見た瞬間に、何かに首根っこを掴まれて体から自分が抜けたような感覚になったのだという。そして気がついたら彼女の部屋にいる。目の前に血だらけになっている彼女がぐったりしているのを見て、負傷箇所にタオルをあて救急車に電話をした。そして救急隊員が駆けつけると、すぐに担架で運んでもらい救命病棟に到着するのを見届けたら——ここに戻ってきたそうだ。


「何言ってるの？　ぎゃーーー」

半信半疑になり聞き返したが、彼の手元を見て悲鳴を上げてしまった。

その証拠と言うべきか、両手が血塗れになっていたのだ。

見たところ相棒のどこにも傷はない。ましてずっと一緒にいたわけだから、怪我をしていれば気づいていたはずだ。ましてやこの出血量だ。

ということは、と見ると案の定、抱きついた今井さんの服も血塗れになっていた。

「どうしてくれるのよ、弁償して」

怒り半分笑い半分で問いつめると、

「わかったよ、明日のレコーディングを成功させて、そのアガリで買ってやるから」

「それって、わたしが歌うし、二人にお金が入るんだから弁償じゃないじゃん」

そんな会話をしてその日は解散となった。


翌日のレコーディングは上手くいき、帰り道に相棒の彼女の見舞いに行った。

「今井さん、今までごめんね、邪魔ばかりして。これからは音楽一生懸命頑張ってね。こう言ったらなんだけど、昨日あんなことしちゃったのに彼がすぐに助けに来てくれことで、彼の気持ちはわかったから。これからは邪魔しない。応援させてもらうね」

彼女はわずか一晩ですっかり元気を取り戻し、涙を流しながらそう言った。

(やっぱり、本当に相棒の魂は彼女を助けに行ってたんだ)

少し考えてみると怖い現象だが、今井さんは「助かって良かったね」とだけ言い、彼女の手を強く握った。

その日以来、彼女は確かに無駄なメールを送ってくることもなくなり、時には差し入れの食事やお菓子を持ってきてくれるようにもなったそうだ。

そしてその日にレコーディングした曲のデモテープが、ある音楽プロデューサーの耳にとまり、件のCMソングに採用されることになった——。


「で、その後はどうしたんですか？」

「結局、あのCMソング以降はイマイチで……キリがいい時にあきらめて音楽活動を辞めました。そのキリのきっかけが——」

今井さんが指をさした方向には元気にはしゃぐ長男がいた。

相棒はその後、彼女と二人で変な宗教にハマり、世間との関係を遮断してしまったそうだ。

近隣住民

「絶対に人物が特定出来ないこと」「絶対に場所が特定出来ないこと」が、Yさんから出された条件だった。

もういっそのこと別の国で起こったことにしてしまおうかとも思ったが、私自身が他国で起こった怪異に興味がないので、この国で起こった、いや起こっているとだけ冒頭に加えて本編に入りたい。

Yさんが生まれ育ち現在も暮らしている場所は、春夏秋冬を木々や花々の彩りや虫の奏でる音色で感じることの出来る大変長閑な町だった。アノ人々が住み着くまでは。

五年前のある日のことだった。

仕事帰りのYさんは、ちょうど自宅前で見知らぬ人に声を掛けられた。

「近クニ、ヒコシテキタGデス。ヨロシクオ願シマス、X国カラキマシタ」

X国から来たという中年男性はGと名乗り、引っ越してきたのだという。

たどたどしい日本語ではあったが、何を言っているかはわかるレベルだった。

「よろしくお願いします。何か困ったことがあったら言ってきてくださいね」

Yさんの言葉に、

「Yサン、トテモイイ人。アリガトゴザイマス」

実に晴れやかな笑顔をすると、Yさんは強く手を握られた。

(でも、なぜX国の人がこんな田舎に?)

ふと思ったので、問うてみると、

「トモダチ、イイトコロト、教エテクレマシタ。イイ家アルトイテマシタ」

「そうでしたか。嬉しいことです。で、家はどちらですか?」

「K交差点ノ近クノ家デス」

「えっ、あそこはもうずっと人が住んでいないので、古くなってないですか?」

「イエイエ、トッテモイイ家デス」

Yさんが知る限り、K交差点の近くの空き家というのは、もう十年以上誰も住んでいない、雑草が生い茂って壁も抜けたような廃墟だった。

そうこうしているうちに、妻と愛犬が散歩から帰ってきた。

「ウーーッ」

一瞬唸りながらかまえた愛犬であったが、やがて尻尾を後ろ足の真ん中に納めるようにぷるぷる怯えながらGさんを見上げた。

「アー、カワイイ、イヌ。ヨシヨシ」

そう言って撫でるGさんに、愛犬は耳を下げ固まったように動かなくなっていた。

「ジャア、ワタシカエリマス」

Gさんは深々と頭を下げて去って行った。

「どなた？」

その姿を見送りつつ、妻がYさんに言った。

「K交差点の近くの空き家に引っ越してきた、Gさんって方だ。X国から来たそうだよ」

「えっ、K交差点の近くの空き家って、あのボロボロの？　あんなところどうやって住

む の？」
妻も驚いていたが、「これから修繕でもして住むのだろう」と返し、愛犬と共に室内に戻った。

一週間後、Gさんが住んでいるという家の前を通りかかった。ボロボロの家は修繕された様子はまったくない。本当に越してきてるのかなあと思い、目をやりながら通り過ぎようとすると、家のベニヤが剝がれたようになっている玄関ドアがバタンと開いて、人がゾロゾロと外に出て来た。その数は十人を超えている。

「アッ、Yサン。ミンナトモダチ、ミンナ家族」

その中にいたGさんがYさんを認め、声をかけてきた。Yさんは足を止めて「こんにちは」とあいさつをしたが、目の前に並んだ人の数に圧倒されていた。

薄汚い身なりの男女は、ざっと数えて二十人はいただろうか。全員その薄汚れた服装とは裏腹に満面の笑みでYさんに会釈した。

少々戸惑いはあったが、笑顔でいる相手に悪い気はしないので、こちらも笑顔を返した。

「Gさんの家の前を通ったら、家族を紹介されたよ。家族って人数じゃなかったけどな」

帰宅して妻にそう伝えると、困惑したような表情を浮かべている。

「ねえ、Gさんが来てから変だと思わない？」

「えっなにが？」

「R池から蛙の鳴き声がしなくなったじゃない。ご近所の人がみんな気味悪がっているの。あれ、捕まえて食べてるって噂があるのよ。そんなに家族がいるって言うんだったら、噂も本当っぽいわね」

「でも、わからないだろう。決めつけはよくないぞ」

「そうだけど……」

とは言うものの妻の言っていたその噂というものが気になったので、翌日の夕方にR池に行ってみた。確かに、まったく鳴き声がしない。毎年この時期は蛙の鳴き声でうるさいほどになるのに、池はしーんと静まり返っている。

生き物の気配すら感じられないようだ。

池の中を覗き込んでみた。鯉がいつも大量に姿を見せるのだが、それも見当たらない。

こんなに静かなR池は確かに不思議だった。

「おい、本当かもしれないな、蛙の話。鯉もいなくなってたぞ」

帰宅後、Yさんが妻に話すと、

「どうもご近所が言うには、それどころじゃないそうよ。Z神社のハトも最近いなくなってるって。なんなの、あの人たち。全部食べ物にしちゃうの？ 気持ち悪い」

そう言いながら妻は怒りと怯えをないまぜにしたような表情を見せた。


数日後、Gさんに出くわしたので、冗談風に話を振ってみた。

「ニホンジン、食ベナイデスカ？ モッタイナイ、オイシイノニ」

蛙モ鯉モ、他ニモ——と笑顔で言うので、Yさんはびっくりして返した。

「いや、それもそうですけど、日本ではやめたほうがいいと思いますよ」

「ソレハスミマセン。モウシマセン、ゴメンナサイ」

と素直に言う。食文化の違いと解釈すれば、それ以上言及してもしょうがないので、そこで言葉をとどめた。


さらに数日後。

「やっぱりZ神社の鳩もあの人たちが掴まえているって。見た人がいるんだって。もうこれは警察とか保健所とかに言った方がいいわよ、おかしいわよ」

妻の表情は困惑と憤怒に満ちている。元来が動物好きの妻である、そういった感情になってしまうのも仕方のないことだ。

「わかった。でも、その前にもう一度、Gさんに言ってみるから」

Yさんは玄関で靴の紐を結ぶとGさんの家に向かった。

道すがら、妙な人影が目に入った。恐らくGさんの家の住人であろう薄汚れたグレーのシャツを着た男が、ひと抱えもあろうかというズタ袋を重そうに担いでいる。

なんとなく嫌な予感がしたので、声をかけずにあとをつけてみた。男はGさんの家の前にその袋をドサッと置いた。自国語で家の中に向かって何かを叫ぶと、中からわらわらと五、六人の男女が出てきて袋を取り囲んだ。

Yさんが息を殺しその様子を伺っていると、男がズタ袋の口を開け中身を外に引っ張り出そうとしている。そこから顔を覗かせたのは、隣家の大型犬、ジョンだった。もう息絶えているのか舌をだらりと垂らしている。

Yさんは衝撃をうけた。なおも見ていると、刃渡り五十センチはあろうかという刃物を持ち出し、ジョンの首にあてるとそのままスパッと引いた。それを合図にGさんをはじめ男女が群がり、各々が短刀を手にしてジョンの体を切り刻んでいく。

恐怖と、なんともいたたまれない思いになったYさんはその場からそっと去った。

近所の池や神社から小動物がいなくなっているのは彼らのせいだ。そして、住民が飼っている犬まで食用にしてしまうとなると――。

（冷静に気持ちを整理してから妻に伝えるか決めよう）

妻が知れば「今すぐ保健所か警察に言う」ということになるだろう。Gさんのところとトラブルになる可能性も高い。第一、証拠があるのか、という話になるんじゃないか？

翌朝、どうしたものかと思いながら、朝刊を取りに玄関を出ると、外にニコニコと歯を出して笑うGさんが立っていた。

「Yサンノ犬ハ、ダイジョウブデス、チイサイカラ、役ニタタナイ。キノウノコト、ダレニモ言ッタラダメ。刀ミタデショ、ナイショネ。アレ、人モ殺セル」

そう言うと、門扉下に紙袋を置いて去っていった。

Yさんは呆然としていたが、我に返ってその紙袋を持ちあげた。ずっしりと重く、底は血液が滲んで色が変わっていて、生臭い腐臭が漂っていた。

ちょうど昨日のジョンの頭ぐらいの大きさか。

そう思い至ると、袋の口を開けることなく自宅裏に設置してあるゴミの焼却用ドラム缶の中に放り入れた。

時を同じくして隣家ではジョンを探す声が聞こえている。

そしてその光景をGは遠く離れた場所から、彼の多すぎる住人とともに笑顔で眺めている。

今でもGさん一家はYさんの近所に居を構えている。

ご夫人

清瀬さんは大学生時代、とある喫茶店でアルバイトをしていた。

その喫茶店はいわゆる海外チェーンのコーヒーショップではなく、こじんまりとしていたが、高級感をただよわせるお店だった。常連客も品のある年輩者が多かった。

その常連の中でも、高梨さん夫妻は一段と気高さを醸し出していた。

ご主人は常にチェック柄のジャケットを身に着け、胸ポケットには丁寧にアイロン掛けされたチーフをのぞかせており、パイプを優雅に燻《くゆ》らせていた。一方のご夫人はシルバーグレーの髪の毛をアップにセットし、淡いピンクや水色の上下で装っていて、ニコニコと穏やかな笑顔は店員たちの憧れでもあった。

毎日午後二時に来店し、ご主人はエスプレッソ、ご夫人はカフェラテを注文する。ふたりは向かい合っているが特に会話をするわけでもなく、その香りと味を愉しんでいるようだった。

清瀬さんがアルバイトをするよりもずいぶん前から、ふたりはこの店の常連さんだったそうだ。

アルバイトを始めて半年ほど経ったある日。ご夫人がひとりで店を訪れた。

珍しいと思ったが詮索するのはエチケットに反する。いつものようにオーダーを取りに行くと、

「エスプレッソとカフェラテを頂けるかしら？」

変わらぬ穏やかな笑顔で注文をしてきた。

（ご主人はあとでいらっしゃるのかな？）と思い、お辞儀をするとマスターにオーダーを通した。

エスプレッソとカフェラテが出来上がりテーブルに運び、いつもの向かい合わせの位置に置くと、

「エスプレッソは私の隣に置いてくださるかしら。ごめんなさいね」

と言われたので、指示に従って横に並べておいた。

すると、ご夫人が鞄をごそごそと探り出した。意識したわけではないが、その場で見入っていると、鞄から人形が顔をのぞかせた。

ぱっちりとした青い目のフランス人形だった。アンティークもののようだったが、その綺麗な顔立ちとは裏腹に金髪は乱れ、服もズタズタだったので、少し怯むと、

「清瀬さん、エチケットよ。外してくださいな」

穏やかな口調でそう言われたので、

「失礼しました」

と赤面しながら席に背を向けカウンターの方へと戻った。

しかしやはり気になってしまったので、テーブルに注意を向けたまま聞き耳を立てていると、ご夫人は人形の髪を取り出した櫛で梳きながら話しかけている。

「あなた、久しぶりの外出なのだから、綺麗になさらないと失礼にあたるわよ。凛《りん》となさい、凛と」

再び鞄に手を入れると小さな洋服を取り出した。人形の着替えを済ませると、その口元にエスプレッソのカップをあてがい傾けた。当然、液体は人形の顔を伝って服を濡らした。

「あら、人様の前でこぼすなんて何ごとなの？　随分とはしたないじゃないの。許しませんよ」

紙ナプキンで人形の顔や体を拭きながら、語気を荒らげている。

「すみません」

ご夫人がこちらを向いたので、紙ナプキンを多めに持ってテーブルへと急いだ。

「本当にごめんなさいね、汚してしまって。きつく叱っておきますから、ご勘弁頂けるかしら？」

「はっはい」

そう言って紙ナプキンを渡し、再びカウンターに戻った。

〈ポンッ〉

肩を叩かれビクッと振り返ると、マスターが人さし指を唇にあて首を左右に振った。

しばらくするとご夫人は席を立った。

「先ほどは失礼しました。言ってわからないわけではないと思うから、家に帰ったらしっかりと躾けておきますからね」

「あっ、お気になさらないでください」

戸惑いながらそう返すと、ご夫人はにっこりと笑顔を見せながら会計を済ませ、店をあとにした。

お見送りをした後、清瀬さんはマスターに向き直った。

「マスター、あの――」

「わかってる。まあ、でも、詮索はしないほうがいいよ。他のお客様に迷惑をかけているわけでもないからさ」

この店のオーナーであるマスターがそう言うので、清瀬さんは頷き、それ以上訊くことをやめた。

それからしばらくの間、ご夫人はひとりで来店するとエスプレッソとカフェラテを注文し、人形を胸に抱き〝躾け〟ていた。

そして清瀬さんもそんなご夫人に麻痺したのか、慣れてきたのか、ある日。

「エスプレッソとカフェラテをお願いしますね」

いつものようにひとりで来られたご夫人の注文に、カップをテーブルに横に並べると、

「あら、ごめんなさい。今日はエスプレッソを向かいにお願いできるかしら」

と言われた。

「失礼いたしました」

横に並べたエスプレッソを対面に置き直そうとして、対面の席に人形が置かれているのに気がつきびっくりした。

人形？　それは青い目をゆっくりと動かして清瀬さんを見上げると、口元を大きく歪ませて笑った――ように見えた。

「ヒッ」

清瀬さんは小さな悲鳴を上げた。

「あら、お友達ができたの？　よかったわね。アハハハハハハハハハハハ」

ご夫人は、今までに聞いたことのないような笑い声を店内に轟かせた。

清瀬さんはさらに動揺し、エスプレッソの入ったカップを人形の上に落としてしまった。

「何やってるのよ、あなた！　うちの子が火傷したらどうするの」

ご夫人はさらに大きな怒声を上げた。

「すみません、すみません」

平謝りする清瀬さんに、背後からマスターが声をかけた。

「奥様、申し訳ありません。お代はけっこうでございます。クリーニング代などございましたら、お申し付けください」

そう言って頭を下げてくれた。

「もういいわ。二度と来ないからこんな店！　躾ができてないのよ、躾が。エチケットというものを知らないのかしら」

向かいに座らせていた人形を乱暴に抱えると、そう喚き散らしながら、ドアを叩きつけるように閉めると出て行った。

店内がシーンと静まり返った。徐々にBGMのクラシック音楽が戻ってくる。

「気にしなくていいよ。仕方がないことだから、うん、ああなったら仕方がない。あるんだよああいうことが」

マスターは清瀬さんの肩を擦りながら慰めてくれたが、あの人形がなんだったのかは聞いても教えてくれなかった。

案の定、翌日からご夫人が来店することはなかった。

それから数週間後、アルバイトが終わりひとり暮らしのアパートに帰宅した時のこと。

ドアノブに有名百貨店の紙袋がかかっていた。

なんだろうと中を覗いてびっくりして取り落とした。

紙袋の中から出て来たのは、ズタズタに切り裂かれ片目を抉られたあのフランス人形だった。

「あなたには失望しました。さようなら」

一行だけ、そう書かれた手紙が添えられていた。

すぐに集合のゴミ置き場に捨てに行った。

晶子さんの体験記

現在は夜のお店で働く晶子さんに伺った。

上京して間もない頃、彼女は無店舗型風俗店に勤務していた。

「デリって、ほとんどがまともな客なんですよ。そりゃ、怖い客もキモい客も汚い客もいましたけど」

身を乗り出し、印象に残っている客は？　と問うと、

「徳光さんが好きそうなのは、そうだな〜。あっ、いたいた。一応、変態の括《くく》りかな？害はなかったけどね」

待機所で待っていると指名が入った。ホテルではなく客の自宅に行くように言われ、晶子さんはドライバーの車に乗って向かう。

〈ピンポーン〉

小綺麗なマンションのエントランスでベルを鳴らすと、「どうぞー」と快活そうな声が聞こえ自動ドアが開いた。

今度は玄関前のベルを鳴らすと、白いシャツを着て整髪がしっかりなされた四十代前半くらいの男が扉を開けて招き入れてくれた。

中に通されると想像どおりの整理整頓された部屋で、晶子さんは内心ホッとした。

「ここに座ってね」

男は食卓の椅子を引いて晶子さんを着席させると、煎れたての紅茶をテーブルに置いた。「変な薬とか睡眠薬なんて入ってないから安心して」

穏やかな笑みを浮かべ向かいに座ると、同じポットから紅茶を注ぎ自らも口にした。

晶子さんはちょっと違和感を覚えた。なぜならば、彼は晶子さんを招き入れてからずっと、彼女の指先ばかりを見ている。

と思っていたら、彼は向かいから手を伸ばし晶子さんの手を取った。やはり、指を舐めるように見つめながら、

「君はマニキュアをしていないんだね？　いいね～人間は自然が一番なんだよ、最近の

傾向は良くないんだよ。うん、実に良くない」

紳士然とした立ち振る舞いと、その粘っこい視線のギャップの気味悪さを振り払うように晶子さんは明るく言った。

「じゃあ、はじめましょうか」

プレイの開始を促し、自らのワンピースのチャックに手をかけ脱ごうとした。

「あっ、服はそのまま、そのまま。脱がなくていいからね」

思わぬ返事が返ってきた。続けて、

「あの～、ぼくからのリクエストがあるんだけど、聞いてくれる？」

「あっ、はい。でも、変態プレイは無理ですからね、わたし」

「そういうんじゃないんだ。あの、これでキミの爪を切ってくれるかな？」

いつの間にかテーブルの上に置かれた爪切りを指差した。

「えっ？」

戸惑う晶子さんに、

「今日のキミの仕事はふたつある。ひとつは、ぼくの目の前で爪を切ることなんだよ。もうひとつは、おいおいね。いや、別に乱暴なことをするとかそういうことじゃないから。うん、とりあえず、爪を切ってくれるかな？　チップも弾むし」

そう言うと、一万円札が十枚、テーブルに置かれた。

（えっ、爪を切るだけで、こんなに？）

晶子さんは爪切りを手に取り爪を切り出した。

爪を切っている様子を男はニコニコと眺めている。薄気味悪い笑い顔だったが、気にせず続けていると、

「足の爪もいいかな？」

突然、男が言った。

「えっ、足はちょっと。蒸れているし」

晶子さんは妙なところを気にしてやんわり断った。

「そんなの気にしないで。いや、むしろ、歓迎事項だよ」

テーブルの上にさらに十万円の束が置かれた。

（二十万も？）

「わかりました」

目の前に十万円の束を二つも置かれたら断る義理もない。

両手の爪を切り終わり、続いて足の爪も左右、黙々と切り終わった。

「じゃあ、ここに出してくれるかな?」

男はガラス製の小さな瓶を眼前に置いた。

晶子さんは何も言わずにその瓶を取ると、爪切りに溜められた爪の欠片を全て入れた。

「もう少しだから、ちょっと待ってて」

キッチンから炊飯ジャーを持ってきて、テーブルの上に置いた。

鼻歌まじりに再びキッチンに向かうと、茶碗と箸を手にして戻ってきた。

ランチョンマットを丁寧に敷き、箸置きに箸を乗せると、炊飯ジャーから茶碗に白米をよそった。

「ここからがとっても大切なんだ。キミの切ったその爪をこのご飯の上にかけてくれないか? フリカケの要領でサササッという感じで。半分は残してね。熟成爪も楽しみたいから」

満面の笑みで白米の入った茶碗を寄越してきた。

大変戸惑いながら、言われるがままに自身の爪を振りかけると、

「はいっ、ストップ。ほら、半分残してってって言ったでしょ?」

今までにない強い口調で手を掴まれた。しかし一転、穏やかな笑顔になり、

「それでは頂くことにするね。いただきま～す」

爪と白米が混じるよう丁寧にかき混ぜると、ゆっくりと口に運び出した。

「うえっ」

目の前で起こる光景に吐き気を催し、声が洩れてしまった晶子さんに、

「ぼくが食べ終わるまで見つめ続けるのが、ふたつ目のキミの仕事だよ。それなりにしっかり渡しているんだから、頼むよ」

そう言いながら、しっかりと噛み締めながらの男の食事は続いた。

そして最後の一口を飲み込むと、

「ごちそうさまでした。結構なお味でした、ありがとう」

丁寧に礼を言い、頭を下げた。

「キミのあの小さな拒絶反応、素敵だったよ。重ね重ねありがとう」

そう言って十万円札の束をもうひとつ追加し、合計三十万円を手渡してきた。

「あ、ありがとうございました」

戸惑いを隠せずに頭を下げ、部屋を後にした。

帰り際、目に入ったキッチンの棚には、日付が書かれた小瓶がぎっしりと並んでいた。

その後、何回かその客から指名が入ったが、欠勤を装って拒否をしたそうだ。

気持ちが悪いけど、まあまあオイシイ仕事では？　と思った私が率直に拒否理由を訊ねると、晶子さんは――。

「次は爪じゃ済まなくなりそうだって感じたんです。だって、帰り際に見た小瓶、紫色の塊みたいなのがはいってたんだもん」

なるほど……うなずく他なかった、晶子さんの判断は正しい。

「この話をしたら、いくつか思い出してきました」

晶子さんが乗ってきたので、続けて聞くことにした。

晶子さんの同僚　壱

「これはちょっと複雑な気持ちになる話なんですけど」と加えてから、麗華という同僚の話を聞かせてくれた。

「霊感があるとかないとかって話、なんの気なしに出ることあるじゃないですか？　普通は視えるとか聞こえるとか気配を感じるとか、ですよね？　でも麗華の場合『匂う』って言ってたんです」

「匂う？」

「はいっ、匂うって言ってました」

「具体的には？」

「霊的なことを匂いで感じるというんです。その匂いによって、過去や未来のことなんかを教えてくれるんです。当たっているので嬉しくなるというか、信じきってしまったんですけど――わかります？　ごめんなさい、わかりにくいですよね？」

「いや、続けてください」

わかっていないことが顔に出ている私に対し、晶子さんは当時の記憶を呼び戻し、わかりやすく教えてくれた。

麗華との初対面は、待機室として使われていたワンルームマンションの一室だった。

そこは八畳の部屋で、スナック菓子を食べながら談笑する者やテレビを見ながら騒いでいる者、そういったちょっとしたグループ的なものが出来上がっていて、入店したての晶子さんは、どこに自分の居場所を置けばいいのか戸惑っていた。

そんな中、窓際で文庫本を手にし、ひとりで読書をしている女が目に入った。

他を寄せつけないといった雰囲気ではなかったので
「こんばんは、晶子です」

話しかけてみた。

「こんばんは、美知子です。あっ、ここでは麗華です」

本を閉じると軽く会釈をしてきた。

そして続けざまに彼女はふと目を閉じた。深呼吸をひとつして目を開けると晶子さんに向かってこう言った。

「気を悪くしないでね。晶子さん、十歳の夏休みに川で溺れてるね。お母さんの実家のX県のY川の上流かな？　それでその時に助けてくれた親戚のお兄さんは亡くなってるよね？」

「えっ？」

気がつくと涙がぼろぼろと溢れていた。まったくもって、そのとおりだったのだ。その出来事はあまりに辛いトラウマとして、晶子さんの胸の裡《うち》に誰にも言わずに仕舞われていたものだった。

初対面の人がどうして？

はっと我に返り涙を拭いながら、麗華に問おうとすると、

「気持ち悪いよね。でも、あなただったらわかってくれると思ってなんか話しちゃった。わたし、視えるとかそういうんじゃないいだけど、匂いで感じちゃうんだよね。匂いが鼻を通るといろいろなことが頭の中にも入ってきて、画が浮かんでくるっていうか」

「そうなんだ……」

「晶子さんから匂ったのは、主張が強くない甘い匂い。うーん、例えるとチョ〇ボールみたいな匂いか？」

その例えに少し笑みを浮かべると、麗華もつられるようににっこりと笑った。

麗華は物静かな女で、待機室の中で他に仲良くしている人はいなかったし、誰も彼女の存在を気にしてもいなかった。匂いで視る、というのは晶子さんだけに打ち明けられ

た能力のようだった。

それ以来、晶子さんと麗華は、待機室で会えば常に一緒にいるようになった。

そんなある日、待機室に入って麗華の横に座った途端、

「晶子ちゃん、今日はちょっと匂いが強くなった。喉が溶けそうな甘い匂いがする。お母さんに気をつけるように言って。危ない、今すぐ！」

実家とはしばらく疎遠になっているので、電話しろと言われて戸惑った。しかし、麗華があまりに「早く」「今すぐだよ」としつこく言うので、しぶしぶ実家の電話にかけた。

母親が出て、相手が晶子だとわかるとびっくりしたように、

「晶子？　どうしたの？　何かあった？」

「いや――あの、どうしているかと思って――」

言葉を続けようとした時、

「きゃーーー」

母親の悲鳴が受話器の向こうから聞こえてきた。

「お母さん？　どうしたの？　何？」

晶子さんが問いかけたが電話は切れてしまった。その後、何度かけてもコール音が鳴

るばかりだ。

「どうしよう、どうしよう。何かあったみたい、電話繋がらない、どうしよう」

動揺した晶子さんの顔を麗華は覗き込むと、

「晶子ちゃん、大丈夫。今の電話でお母さんは助かってる。お隣が火事になったんだと思う。晶子ちゃんの家の台所にも燃え移ったみたい。でも、お母さんは電話を玄関で受けてるはず。だからすぐに逃げられて、怪我もしていないよ」

いくらなんでも、その言葉をその場で鵜呑みにするわけにはいかず、なんとも落ち着かない気持ちのまま、やがて二人ともそれぞれに指名を受けて仕事に出かけた。


母親から電話がかかってきたのは三時間ほど後のことだった。

「お母さん、何があったのよ！」

母親が言うには、まさに麗華が言っていたことが起きていたのだった。

お隣が出した火が隣接していた実家の台所に移りかけたのだが、発見が早かったので大きな火事にはならなかった。母親は玄関先にある電話に出ていたので、騒動が知らされたときに、すぐに外に飛び出したという。本人は無事そのものである。

「あんたの電話があったから助かったわ。それで——何で急に電話をかけてきたの？用事があったの？」

晶子さんは言葉を濁したが、近々実家に顔を出しに行く、という約束を母親とさせられた。


「麗華ちゃん、ありがとう」

翌日、晶子さんはお礼を言うと、一万円を包んで麗華に渡した。占いとかの相場とかわからないけれど、何かプロフェッショナルな仕事ぶりを見せられた気がして悩んで決めたのだ。

「そんなんじゃないから、いいよ。お金は客から稼ぐから気にしないで」

麗華はお金だとわかると突き返してきた。

「でも、もしかしたらの命の恩人だもん、受け取って」

「いや、本当にいいの。お金貰っちゃうとだめになるから」

しばらく問答を繰り返したが、麗華は決して受け取ろうとしない。

しかし晶子さんはどうしても納得いかず、麗華がトイレに立った隙に鞄にこっそりと謝礼を忍ばせた。

翌日、いつものように出勤すると、待機室に麗華の姿はなかった。麗華も入っているのは確認ずみだったけれど、体調でも崩したのかと思いその日、連絡はしなかった。

しかしそれが無断欠勤で、しかも三日四日と続いた。黙ってバックれるような子ではないと思ったので晶子さんは心配になり、彼女の携帯にメールをしたが、返信はない。電話も何度も掛けてもみたが、繋がることはなかった。


そのまま麗華は消えてしまった。

そんな一ヶ月ほどがたったある日の待機室で、別の女の子が麗華の名前を口にしたのがふいに聞こえた。

「麗華ちゃん、どうしてるか知ってるの?」

そう訊くと、

「渋谷の●●あるでしょ?　あそこにボロボロの服を着ている女がいてさ、よく見ると麗華だったんだよ。びっくりー。ひとりでなんかブツブツと結構大きい声で言っててさ、話しかけるのはさすがに嫌だったんで、ちょっと近づいて聞いてみたんだ。あの子〈甘い、甘すぎる、早く消さないと〉って繰り返してて。ちょっとヤバイよね、腕とか足とかバリバリ掻きむしってってさ。私のこととか気がつかなさそうだし、血が滲んで気持ち悪くなってきたから逃げたけどね」

そう言うと、指名が入ったので「ハ～イ」と返事をして出て行ってしまった。

翌日、晶子さんは渋谷の●●に行ってみたが、麗華の姿はなかった。

晶子さんの同僚　弐

続いて、京香という女の話。

京香はそのデリの中でも抜群の美女だった。長身でグラマー、エキゾチックな顔立ちと長い黒髪がマッチし、街を歩けば誰もが振り返るような華やかさがあって、モデル系の女が好きな客には絶大な人気者でもあった。

そんな美女の京香には少し気になる特徴があった。

ひとつは、時々何かの折に、ギュッと瞳を閉じてまぶたをピクピクさせてから、悦に入った表情を浮かべること。もうひとつは、いつも持ち歩いている大きくて重そうな鞄。なんでそんなに荷物があるのか、晶子さんには不思議でしょうがなかった。

「気になりますよね？」

京香からそう話しかけてきた。

無意識に晶子さんは、またも恍惚とした表情になっていた京香に目線を向けていたらしい。待機室にはふたりしかいなかった。

「うん、ごめんね。そっちこそ、わたしが見てたの気になるよね」

晶子さんが照れ隠しに首をすくめると、

「いいんです、見られてるのも快感なんで」

「えっ？」

「晶子さんってSMに興味あります？　私、実は極度のM体質なんです。常にM的な快楽を求めているんですよ」

そう声を落とした京香は、ふいに濡れた眼になった。晶子さんが「ん？」と促すような顔をしたのを見て、いきなり着ていた白いブラウスのボタンを外し出した。

「なに？　なに？」

晶子さんのうろたえた態度をものともせず、ブラウスを脱ぐと着けていたブラジャーも外して、それを晶子さんに手渡した。

「なに、これ?」

半ば押し付けられたように手に取った京香のブラジャーの内側には、数本の針が内向きに刺されていた。

「ふふふ。この針が角度によって乳房や乳首にチクチク当たるんです。それが気持ち良くて。針が当たった時の私の表情を、さっきの晶子さんみたいに見ている人がいるでしょ? それも堪らなくて」

嬉しそうに笑みを浮かべて話す京香に、晶子は戸惑いながらブラジャーを返した。

「そうですよね。でも、その困った表情されるのも、嬉しくなっちゃうんです」

京香は手早く身支度を整え、何事もなかったように晶子さんを見つめた。

(そう来たか……)

晶子さんも好奇心はある方なので、さらにどんなプレイがあるの? と聞いてみた。

すると京香は照れながらも、誇らしげに語り始めてくれた。

「はじめのうちは鞭や蝋燭や縛りだったりでしたけど。あっ今でも、もちろん好きですよ、そういうのも。変わったことで言えば、ガムテープで全身ぐるぐる巻きにされて段ボール箱に入れられてS中央公園に放置されたり、浮浪者に無理矢理されるのをご主人様に見られたり……。ええ、ご主人様がいるんです。あっそうそう、これ見てください」

晶子さんが気になっていた、大きな鞄の中からアルバムを取り出した。鞄の中には他にあれこれ、どぎつい色や黒い色をした道具らしきものが詰め込まれていたのが垣間見えたが、もう特に驚かなかった。

広げて差し出されたアルバムには、大きな水槽の中で全裸で白目を剥く京香の写真があった。

「これは水槽の中で三日間生活させて頂いた時の写真です。生きるか死ぬかってくらい苦しくて、本当に気持ち良くて。だって、水面と水槽の蓋が一センチくらいしかないんですよ」

京香は満面の笑みを浮かべながら続けた。何かスイッチが入ったようだ。

「でも生きるか死ぬかで言えば、トイレの便器に顔を突っ込まれて『大』を押された時ですかね。水流に髪の毛を持っていかれて、首が取れそうになるんですよ。洋式でしかやったことないですけど、いつか和式も試してみたいです。渦巻きと直流だと絶対に違うはずですから」

（凄すぎる、この子……）

予想以上の体験話に唖然としたが、晶子さんは純粋な疑問を持った。

「そこまで好きなら、ＳＭクラブとか出張ＳＭで働けばいいのに」

京香は少し険しい表情になった。

「いや、そういうんじゃないです。お金が絡んで『仕事』にしちゃうと、心から楽しめなくなっちゃうので嫌なんです」

未知の話にひとしきり感心した晶子さんは「また新しい体験したら教えてね」と言うと、指名が入ったので現場に向かった。

それから数ヶ月、京香と顔を合わせる機会があったが「お話し出来るような真新しい体験がない、申し訳ないです」と恐縮される日々が続いた。

そして半年後、ひょんなことから、店長から京香が死んだということを聞かされた。

店長がある筋に聞いた話によると、和式トイレに顔を突っ込んでの頸椎の骨折及び窒息死だったそうだ。

度々顔を合わせる機会があった京香の死に晶子さんはショックではあったが、心のどこかで彼女にとって幸せな死に方だったのではないかとも思ったそうだ。

世の中には心霊以外でも、鳥肌が立つほど興味深い人たちはたくさんいるのだ。

この話を聞いて、ドSとかドMとかいった表現を安易に用いてはいけないということを学んだ気がした。

橋の上

幼い息子を持つ吉野さんは、中学生時代の愚かな言動を後悔している。

吉野さんの地元には、W橋というそこそこ大きな橋があった。昔ながらの橋なので、手すりが微妙に低いのが特徴である。地元の男子たちはそこでよく釣りをしたりしていた。通学路の途中にあり、毎日その橋を渡って中学校に通っていた。

ある日の夕方、部活が終わり仲間と橋を渡っていると、老婆がひとりで佇んでいた。何かをぶつぶつと呟いている。

「こんな立派な橋、昔はなかったのにね。感謝だよ、本当に感謝だよ」

聞き耳を立てると、そんなことを言っている。

吉野さんと仲間は、からかい半分で老婆に話しかけてみた。

「おばあちゃん、どうしたの？」

「あっ、みんな中学校の帰りかい？　遅いから気をつけて帰るんだよ」

老婆の言葉にいたずら心が騒いだ吉野さんは、

「おばあちゃんも気をつけて帰るんだよ。このあいだこの橋から赤ん坊が落っこちて死んだんだから」

「えっ、本当かい？」

老婆は目を剥き、びっくりした表情を浮かべた。

もちろん、その場で思いついた嘘である。しかし、吉野さんは続けた。

「この前、風が強い日があったでしょ？　あの日に母親に抱っこされてた赤ちゃんが風に吹っ飛ばされて、橋桁に頭打って死んだんだよ。知らなかったの？」

「まあ、なんてことだい」

老婆は涙を流し始めた。

（なんだよ、信じちゃったよ）

笑いを堪えながら
「かわいそうだよね～。でもほら、あそこ見てごらん。染みがあるでしょ？　あれが赤ん坊の血だよ」

ただのペンキかなにかの染みを指差し、老婆をさらに脅かした。

「あー、嫌だ嫌だ。なんで赤ん坊がそんな目に遭わなきゃいけないんだい、気の毒でならないよ」

老婆はそう言うと目頭を押さえながら、そそくさと去って行った。

「マジかよ、ばあさん。信じらんねえな」

遠ざかる老婆の背中を指さし、吉野さんは仲間たちと笑いながら帰路に着いた。


翌朝、橋を渡ろうとすると袂に花が供えられていた。

(なんだ、これ？　あのばあさんが置いたのか？)

花を蹴散らし、学校に向かった。

「昨日の夜、W橋で転落事故があった。みんな登下校の際は気をつけるように」

ホームルームでの教師の言葉に、女子生徒が手を挙げた。

「誰が落ちたんですか？」

「どうやら老人のようだ。安否の詳細はわからないけど、転落したことは事実だから、気をつけるように」

ホームルームが終わり、吉野さんのもとに仲間が集まった。

「老人って、あのばあさんじゃねえか？」

ひとりが心配そうにそう言うと、

「だからなんなんだよ。別に関係ねえだろ」

吉野さんは強がってみせた。

そして帰りのホームルームの時に担任は話をした。

「今朝話した、転落事故に遭われた老人だが、病院で息を引き取ったそうだ。あの橋で事故が起こったことは今までなかったが、手すりが低いから何かの拍子で落ちることもあるということだ。君たちも橋の上でふざけたりしないようにな」

帰り道、

「だから関係ねえって言ってるだろ。運が悪かったんだよ。それに老人って言ったって、あのばあさんかわかんねえし」

怯える仲間にそう言って、吉野さんは部活を終えるといつもどおり下校した。

老人が亡くなったという橋の袂には、真新しい大きな菊の花束が供えられていた。

「どうでもいいだろ、こんなの」

吉野さんは登校時同様、その花束を蹴散らした。

「おい、やめろよ。バチがあたるぞ」

さすがに不謹慎と思った仲間が声を上げたが、気にも止めずに帰宅した。

しばらくして、W橋には老婆の霊が出るという噂が立ちはじめた。さらに供えた花を蹴散らしたヤツを探しているという尾ひれもついた。

そういったことをまったく信じない吉野さんはその噂を鼻で笑い、そのうち卒業の日を迎えた。


十数年後、東京で就職し地元を離れていた吉野さんは、結婚して子供をひとり儲けていた。奥さんと子供を連れて、久しぶりに地元に帰ってきた。

目に入れても痛くないほど可愛がっている大好きな息子である。抱きながらW橋を渡っていると、火がついたように息子が泣き出した。背中をさすってもあやしても、いっこうに泣き止まない。どうしたものかと思っていると。

橋を渡りきると同時に泣き止んだ。

「どうしたの？」

涙をハンカチで拭いていると、

「ばーば、ばーば、こわい。ギュッてされた」

そう言って腕をさすっている。袖をまくり上げ腕を見ると、ちょうど女性の手形くらいの赤痣が上腕部にくっきりとついていた。

それから五年、小学校に上がった息子の腕には今でも人の手形をした痣がくっきりと残っている。どんな治療をしても治らず、医者からも匙を投げられている。

「やっぱり、あの日の行いのせいなんですかね」

肩を落とす吉野さんに「はいそうですよ、あなたのせいです」とは言えなかった。

さすがに子供のことなので——。

ランチタイム

「ありきたりの話かもしれなんですけど、いいですか？」

美和子さんの身の上には、ここ数ヶ月で怒濤のようにいろいろなことが起こったそうだ。どんなことが起きたのか、本人自身も話をしながら整理して、吐き出してしまいたいのだという。そしてそれは決して、ありきたりではない話だった。


小さな化粧品メーカーの事務をしている美知子さんは、その日、同僚の沙紀さんとランチに出かけた。昼休みは一時間。食事をしながら他愛のない話をしていると、あっという間に昼休みも終了の時間だった。

ふたりは小走りに会社に戻った。ロビーを抜け、エレベーターホールに向かっていると、ふたりのやや前方を、レモン色のカーディガンに白いスカートの中肉中背の女性が歩いていた。あの人もエレベーターに乗るんだな、と思い、小走りであとに続こうとするのだが、その女性はゆっくりとした歩きに見えたのに、なかなか追いつくことができないうえに、エレベーターに乗ると途端に扉を閉めてしまった。

ふたりは「ああ、ちょっと待ってくれればいいのに」と声を洩らしながら上昇ボタンを押した。

〈チーン〉

今さっき上昇したはずのエレベーターの扉がすぐに開いた。

「あれっ？」

ふたりは顔を見合わせた。エレベーターは上昇しておらず、その場で閉まっただけだったのだ。ならば、乗り込んだあの女の人は？

ふたりとも「やだ、ちょっと……」と口ごもったまま、そのエレベーターに乗ってオフィスフロアに戻った。

美知子さんと沙紀さんはそれぞれ自分のデスクに腰を下ろすと、仕事に取りかかったが、目の前で起こったことが引っ掛かってなかなか進まない。

そもそも……先ほどの女性は後ろ姿しか見ていない。普通はエレベーターに乗り込んだ後、振り返ってボタンを押すものではないのか？

見覚えのない女性の後ろ姿だったから、うちの会社の人間ではないと思われるが、いったい誰で、彼女はどこにいったんだろう。

そんなことが頭の中をグルグルと巡り、結局午後の仕事は大して捗《はかど》らずに終業時間になった。


翌日、美和子さんはまた沙紀さんとランチに出掛けた。もちろん昨日の女性のことが話題に上がった。

「ねえ、やっぱり、昨日の変だったよね」

まず口を開いたのは沙紀さんの方だった。

「うん」

「エレベーターもおかしかったけど、あんなバランスのおかしい女、ウチの会社にも取引先にもいないと思わない？」

バランス？　言われてから思い出した。確かにバランスがおかしな女性だった。

レモン色のカーディガンに白いスカートという爽やかなファッションとは裏腹に、髪の毛はパサパサで堅く横に広がって頭がずいぶん大きく見えた。そしてストッキングはネズミ色で茶色のつっかけサンダルだった――。

あの女性の後ろ姿を目にしたのはほんの一分にも満たないはず、なんでここまで鮮明に覚えているんだろう。ふたりは違和感を感じた。

ランチが終わり会社に戻ると、昨日と同じようにエレベーターを待った。今日は幸いというか当たり前というか、あの女性はいなかった。

エレベーターが一階に到着しふたりで乗り込むと、美知子さんは行き先階である三階を押して閉ボタンを押した。

すると閉まるか閉まらないかくらいのタイミングで、扉が開いた。

（あれっ？）誰かが追って乗ってくるのにボタンを押したかと思って待ったが誰もいない。ホールを覗いたが誰もいない。再び閉ボタンを押そうと人さし指を伸ばしたら、美知子さんの指が触れる前に閉ボタンが光り、扉が閉じられた。

「きゃーーーっ」

ふたりは悲鳴を上げながら開ボタンを連打したが、エレベーターはそのまま上昇していった。何ごともなかったように三階に停まると、扉が開くのももどかしくふたりは外に飛び出した。エレベーターは扉を閉じた。

「どうしたんだ、ふたりとも？」

エレベーターを降りたところで動揺して震えるふたりに声をかけてきたのは、上司の酒井さんだった。

状況を説明し、なおも落ち着きを取り戻せないふたりに、

「誤作動か錯覚だろう？　でもこのビルけっこう古いから、霊のひとりやふたりいてもおかしくないか」

そう軽口を叩くと、笑いながらふたりに仕事に戻るよう促した。

（あんまり深く考えるのはよそう）

酒井さんの楽観的な言葉に救われた美知子さんは、片付けるべく仕事をしっかりこなし、その日は早めに切り上げた。


明くる日、出社すると沙紀さんの姿がなかった。

風邪でも引いたのかな？　とあまり気にすることなく仕事に取りかかりしばらくすると、上司たちが慌ただしく右往左往している。

「何かあったんですか？」

酒井さんに声をかけたが険しい表情で「あとで落ち着いたら」とだけ返して、フロアを飛び出して行った。

昼休憩になり、沙紀さんがいないのでひとりでランチに向かった。その道すがらスマホを見るとSNSにメッセージが入っていた。開いてみると、沙紀さんからである。

「もう無理」

そう、ひと言だけ書かれている。どうしたんだろうと思い急いで電話をかけてみたが、コール音が鳴るばかりで沙紀さんは出ない。

ランチもそこそこに会社に戻ると、酒井さんがエレベーターホールにいた。

「沙紀からラインが来てて――」

言い終わるか終わらないかのところで、酒井さんが話に割って入った。

「さっきは木村（沙紀さんの名字）さんのことで慌ただしくなってしまって。実は彼女、今朝方、車に跳ねられて重体なんだそうだ。それでその連絡を取っていて」

「えっ？」

絶句した後、メッセージを確認した。ラインが来ていたのは十一時二十七分だった。

「今朝方って、何時くらいのことですか?」

酒井さんに問うと
「出社時間だから十時前だと思うよ」

「でもこれ見てください」

酒井さんに昼前に入ったメッセージを見せると、酒井さんも首を傾げた。

「ありえないよ、彼女は今集中治療室だ」

(わけがわからない)

困惑しているとエレベーターが開いたので、ふたりは頭を捻りながらオフィスに戻った。

その後、沙紀さんは一命を取り留めたようだが、美知子さんがメッセージを送っても既読にならず電話をしても出ることはなかった。さらに数日すると「メンバーがいません」との表示がされてしまった。

会社にも家族から退職願が提出されて、それが受理され退職となった。

結局それっきり沙紀さんとはまったく音信不通になってしまい、彼女が今どこで何をしているのかはわからないという。

エレベーターでの怪異は沙紀さんと体験したあの二日のみで、その後は何も起こっていないそうだ。

「エレベーターで起きたことと、沙紀の事故って何か関係あるんですかね？」

美知子さんは訊ねてきたのだが、正直、私もわからなかったし返答に窮した。

ただひとつ、思いついたのでそれだけは口にした。

「関係あるかどうかはわからないですけど、そのエレベーターに乗った後ろ姿の女のバランスがどうとかって、言葉に出したのは沙紀さんでしたよね？　美知子さんは思ったけど口にはしなかった。そこで差が生まれたと言ったら納得頂けますか？」

美知子さんは顳に手をやり俯いて、しばらく考え込んでしまった。

さらに困惑させてしまったと思うと申し訳ない気持ちでいっぱいになった。

「でも、お話しいただいた話は決してありきたりでもないし、貴重なものだったと思います。ありがとうございました」

そう告げて、伝票を手にするとその場から退散させていただいた。

乾麺

立花さんが高校生の時のこと。通学で利用していた電車には名物男がいた。

横並びの椅子のど真ん中にデンと座り、いつも同じメーカーの同じ味の袋入りインスタントラーメンを砕いては千切りボリボリと大きな音を立てて食す奴で、立花さんをはじめまわりの者は「乾麺」というあだ名を付けていた。

「乾麺」は制服を着ているわけでもなくスーツを纏っているわけでもなく、一年中、黄ばんで首がヨレヨレに伸びた薄いピンクのTシャツと安っぽいダボダボのジーンズを着ていた。

背は小さくやや肥満気味で、自分で切ったのかと思えるほど乱雑にカットされた頭髪と赤土色に変色し膿が所々から噴出している鼻が特徴的だった。

これだけでも十分なのに、さらにその個性を際立たせていたのは、通称「乾麺ベストテン」だった。はじめのうちはボソボソと何を言っているのかわからなかったのだが、よく聞くと「乾麺」は自分をランキング形式の音楽番組の司会に見立てて、十位から様々な曲を発表していたのである。男女アーティストやバンド問わず、全ての歌を実に小さな声で歌っていたのだ。しかも歌詞を間違えることなく完璧に。

そのうち立花さんの高校でも「今日の乾麺ベストテン一位なんだった？」と聞き合うようになっていった。

このタイプの人間がいると、からかう者や苛める奴も出てきそうだが、

「その車両に乗っている人たちは優しいのか、まったくそういうことをしなかったですね。見守っているというか」

こう話す立花さんを筆頭に、みなさん温かったのだろう。

そしてある日の朝、いつものように乗車するとすでに「乾麺」は乗車していて、いつもの「乾麺ベストテン」を行っていた。そろそろ立花さんの高校の最寄りの駅になろうかという時、「乾麺」の声色が腹から出る大きな声に変わった。

「緊急ニュースが入りました。残念なお知らせがあります。この電車は間もなく人身事

故を起こすでしょう」

その言葉に車両にいる全員が「乾麺」に注目した。

〈キッ、キーーーーーー。ゴリゴリゴリ!!〉

電車は急停車した。

「キャーッ」女性の悲鳴が聞こえるや
「ただいま当車両は人身事故のため、急停車しました。お急ぎのところ、申し訳ありませんが今しばらくお待ちください」

緊急アナウンスが響いた。

立花さんは（一時間目サボれるラッキー）くらいの認識だったが、朝のラッシュ時というのもあって、車両内はざわつき不満の声も洩れていた。

ふと「乾麺」を見ると、通常どおりボリボリと乾麺を頬張りながら「乾麺ベストテン」の発表と歌唱に勤しんでいた。

その後、電車が動き出して最寄りの駅に到着し、高校までの坂道をひとり歩いているとふいに疑問が頭を巡った。

まず「乾麺」は、いったいどこからどこまで電車に乗っているのか。

そしてなにより、あの声色を変えた予言めいた言葉はなんだったのか？

疑問を持ったとしても、「乾麺」に話しかけるのは憚られた。結局、モヤモヤしたまま、やり過ごし、卒業までその車両で「乾麺」と同乗し通学したのだった。

ちなみにその後、「乾麺」の臨時ニュースは二回ほどあった。

さらに……。立花さんが社会人になり、たまたまあの時のあの時間のあの車両に乗ったら、「乾麺」はまったく変わらぬ姿で「乾麺ベストテン」を読み上げ、小声で歌唱していたそうだ。

変化《へんげ》

加藤さんには大学生時代、行きつけの中華料理屋があった。

数えたわけではないのだが、恐らく一年のうち百回、四年で考えれば四百回は行っていたのではないかとのこと。三日に一度ぐらいの感じだろうか。

気立ての良いオバちゃんと、最初はムスッとしていたが馴染みになるととても優しいオジさんが夫婦で営んでいて、味はもちろん、安くて、量も多い。

貧乏学生の大いなる味方だったそうだ。

「男子学生はほぼ通っていましたね。それにうちの大学の奴らには、必ず何かおまけをつけてくれてたんですよ、本当に助かりました」

当時を回想していた加藤さんの表情が変わったのはここからだった。

社会人になって三年目のある夜。

仕事も早く終わり、呑みの約束もなかったのでまっすぐ帰ろうかと電車に乗っていたら、急にあの中華料理屋に行ってみたくなった。

マンションと仕事先の中間地点にあるその駅に、途中下車する機会はなかったのですっかり足が遠のいていた。

久々に胸躍る気持ちで電車を降りて、中華料理屋に向かった。

数分歩くと馴染みのある看板が目に入ってきた。暖簾《のれん》をくぐり、扉を開けると、

「いらっしゃ～い。あれ、加藤くん？　久しぶりね～」

店内に声が響いた。

（んっ、えっ、あれ？）

加藤さんの頭の中は混乱した。

オバちゃんとオジさんの性が逆になっているのだ。つまり、暖簾をくぐって声をかけてくれたのはオジさんだったはずのオバちゃんで、奥の厨房で額に汗をかきながら中華鍋で調理しているのはオバちゃんだったはずのオジさんなんである。

「あら、忘れないでよく来てくれたわね、サービスするわよ。Ｂ定食で良いわね？　Ｂ定食一丁！」

オジさんだったオバちゃんは、威勢よくオバちゃんだったオジさんにオーダーをした。

「あの……」

加藤さんが言いかけた時、他の客から注文が入り、声をかけることは出来なかった。

確かに学生時代の味そのままである。あの頃と同じく、Ｂ定食には入っていない肉団子のサービスもつけてくれた。

頭に疑問符を浮かべながらではあるが、美味しく料理を堪能し、会計の時が来た。

しかし、そのタイミングでも、他の客の注文で忙しそうだったので、話を聞くというか疑問をぶつけることは出来なかった。

数日後、大学の同級生の成田と連絡を取る機会があったので、その話をしてみた。

すると、

「なんだよそれ？　そんなことあるわけないだろ」

一笑に付されたが、加藤さんがさらにしつこく食い下がると、

「じゃあ、わかったよ。今度、二人で行こう。タイミングを見計らって俺が聞いてやるから。まあ、でも、この目で見るまでお前のそのへんてこな話は信用してないけどな」

そう言うと、約束の日時を決めて、後日二人で店に向かうことになった。


「まずは、お前から入ってくれ」

加藤さんに促された成田が暖簾をくぐる。続いた加藤さんの方を見て、

「本当だ」

小声で呟いた。

「あれ、加藤くん、成田くんも連れてきてくれたの。オバちゃん、嬉しいわ。今日もサービスしないとね」

オジさんだったオバちゃんは、注文をしていないビールとグラスを差し出してくれた。

成田は加藤さんをジッと見つめ、声を出さずにサービスで貰ったビールを飲み干した。

「加藤くんがB定食で、成田くんはA定食で良かったかしら?」

オジさんだったオバちゃんの問いに、

「あ、はい」

二人は顔を見合わせて、頷いた。

以前と同様それぞれに、おまけの品がひとつずつ付いた定食が運ばれて行きた。

二人は堪能し、そろそろ会計となった時、客はふたりだけになっていた。

「成田、約束だぞ。お前が聞いてくれ」

加藤さんの言葉に成田が首を振った時
「わかってるから聞かないでね、こうするしかなかったんだから」

いつの間にか背後に回っていた、オジさんだったオバちゃんの声がした。

二人は背中をびくつかせ、すぐに会計をした。

「また、みんなも誘ってきてちょうだいね」

オジさんだったオバちゃんが笑顔で見送ってくれたのだが、コンロの前に立つオバちゃんだったオジさんは、強い眼力でこちらを睨んでいた。

机

立木さんが小学生の頃、黒井という同級生がいた。

黒井はとにかく悪ガキで、友達もおらず教師の手を焼かせていた。

いたずらの質がとにかく悪かった。土やポリバケツに入ったゴミを排水溝に入れ下水を詰まらせたり、教室に爆竹を投げ入れたり、年下の子に無理矢理砂を食わせたりと例を上げればきりがなかった。

中でも同級生を困らせていたのは盗癖だった。

「あれっ！　●●がない」

クラスで声が上がったら、ほぼ百パーセントの確率で黒井の仕業だった。

誰かが発見してもシラを切り通し、いざとなれば逆ギレしてカッターで襲いかかったりしてくるので、クラスでも皆、腫れ物に触るように距離をとっていた。

さらにタチが悪かったのは、黒井の親も息子の肩を持ち、なんなら加勢してしまうという有様だったことだ。

「でも、あることをきっかけに黒井が別人のように大人しくなり、それからは空気みたいに存在感ゼロになりましたね。それは奴にとっても良かったと思うんです。あのままだったら確実に犯罪者になっていたでしょうしね」

そのきっかけとなった事件を立木さんは忘れられないと言う。

その日、樋田さんという女子が大切にしていたペンダントがなくなった。それを黒井が盗んだところを見たという証言をもとに、女子を中心とした糾弾がなされていた。

「盗んでねーよ、バカじゃねえの。ベッベッ」

黒井は悪びれることもなく、取り囲む女子たちを目がけて唾を吐きかけた。

「黒井最低ー」

唾がスカートにかかり泣き出す子もいたが、

「黒井が机の中に入れたの見たもん、机から出しなよ」

目撃者である真田さんが恐れずにそう言うと、

「なんだよ、だったら俺の机の中見てみろよ、ブス」

そう言って覗き込むようにして挑発してきた。

「嫌だ、盗んだんだから自分で出しなよ」

真田さんが黒井の机の中を覗くことを拒否するには理由があった。以前に同じようなことがあった時、真田さんが覗いたら黒緑色に変色したカビパンとヒキガエルの死体が入っていたことがあったからだ。

「早く出しなよ」

なおも言い続ける真田さんとほぼ全員の女子に囲まれて、分が悪いと思ったのか、

「もしなんにもなかったら、おまえら全員ぶっ殺すからな」

悪態をつきながら、黒井は渋々と机の中に手を入れた。

「ほら、なんにもないだ……あれ?」

一旦机に手を入れて、出そうとした黒井の動きが止まった。

「手が抜けない、手が抜けない。どうしよう」

「何言ってんのよ。早く出しなよ」

真田さんは黒井お得意の嘘だと思って取り合わない

「本当だよ、手が抜けないんだよ、どうしよう」

黒井の顔色が青ざめていき、反対の手で引き抜こうとするも全然抜ける気配がない。

はじめは横目で見ていた男子たちもざわつき、黒井の近くにやってきた。

「抜けない、抜けない。助けて、誰か助けてよ」

涙と鼻水を垂らしながら助けを求めてくる。

立木さんと数名の男子が力を貸そうとしたその時、黒井が手を突っ込んでいた机が頭上にまで持ち上がった。

まわりを取り囲んでいた女子も、手を貸そうとしていた男子も、その異様な光景に怯《ひる》みたじろいた。黒井が片手がで机を持ちあげているようにも見える、

「痛いよ、助けて、助けて〜。ねえ、掴まれてるよ、掴まれてる」

嗚咽しながら喚《わめ》いているが、まわりは唖然として動くこともできない。

すると今度は、机が意志を持ったように四方八方に廻り始めた。

〈ゴリゴリゴリッバキッ〉

机に振り回され引き摺られる黒井の右腕からは、確実に骨折したであろう鈍い音が聞こえた。

「助けて！　助け……」

痛みから意識を失ったのか、言葉が途切れると黒井は白目を剥いたまま口から白い涎を垂らし出した。

〈ガタンッ、ズズーー、ガタンッ〉

机が自らの意志でお仕置きを終わらせたかのように動きを止めると、デロっと黒井の腕が教室の床に放り出された。

その腕はあらぬ方向を向き血塗れになっていた。そして、遅れて肉片が転がってきた。

黒井の人さし指と小指だった。

「キャーーーーーーーーー」

堰を切ったように真田さんが叫ぶと、教室中がパニックになった。

立木さんは職員室に担任を呼びに走った。

担任と教室に戻ると黒井は痙攣を起こして失禁している。

「なにがあったんだ！」

担任が問うても誰ひとりとしてしっかりと伝えられない。

「救急車、救急車」

続けて担任が大声を出すと、学級委員が職員室に走った。ほかの教師が手配した救急隊員が駆けつけ、黒井を担架に乗せて運び出した。

ようやく冷静になった立木さんや真田さんが顛末を話したが、担任はなかなか信用しない。根気強く説明しても首を捻るばかりだった。


それからしばらくの間、黒井は登校しなかった。

黒井の母親が、息子が集団イジメにあったとクラス全員と学校を訴えると息巻いているという噂が広がった。

そして二ヶ月後、黒井が登校した。しかし、げっそりと痩せ細り、目の焦点が定まらないその姿は、黒井と名乗る別人にしか見えなかった。


その後、立木さんは黒井と中学卒業まで同じ学校に通ったが、黒井が話しているのは見たことがないという。そして人さし指と小指が欠損した右手から、手袋が外されることもなかったそうだ。

学校荒らし

飯村さんが小学校六年生の時だから四十年は前の話になる。

飯村さんが通っていた小学校は全校生徒が約一七〇〇人という結構な規模の小学校だった。全校生徒が多いわりにみんな顔見知りで仲が良く、特に上級生が下級生の面倒を良く見る点においては、県からも奨励を受けるほどの学校だった。

そんな平和で牧歌的な小学校で事件は起こった。

「今なら警備員の配置だ監視カメラだで、すぐにどうにかなったんでしょうけど、ぼくらの時代ってそんなのなかったですからね」

確かにそのとおり、わたしたちの時代はそんなものはなかった。たとえ犯罪者（変質者やロリコン）が紛れ込むことはあっても、傷害事件や殺人といったことが起こる土壌はなかったと記憶している。

まずはじめに狙われたのは、三年二組で飼っていたメダカだった。たくさん泳いでいたメダカはすべて水槽から出され、生徒の机の上で干涸びているのが発見された。世話係で早めに登校した第一発見者の女子生徒は、恐ろしさと気持ち悪さで、その場で嘔吐してしまったそうだ。さらに生徒たちを気味悪がらせたのは、教卓の横にこんもりと出された大便だった。

さらにその二日後、今度は四年五組の水槽にいた金魚が、腹に鉛筆をぶっ刺された状態で発見された。もちろん金魚は息絶え白い腹を上に向けてプカプカと浮いていた。

そして今回も教卓の横には大量の大便が飛び散っていた。

そしてとどめを刺したのは、その一週間後に、校庭の端で飼われていたうさぎが喉をかっ切られて殺されていたことだった。この時には大便は発見されなかったのだが、代わりにうさぎ小屋のすぐ横に吐しゃ物の染みが広がっていた。

飯村さんをはじめ六年生の男子たちは教師に詰め寄り、犯人の特定を急かしたが「先生たちも探している」と言うばかりで、本気で取り合ってくれているのかもわからないような態度だった。

「先生があんなだったら、俺たちで犯人を探さねえか？」

六年男子のリーダー格だった加山が口を開いたのは下校途中でのことだった。

戸惑いを見せたり乗り気じゃない者もいたが、飯村さんはその話に乗った。

集合は夜七時、正門ではなく裏門での待ち合わせとなった。


その夜七時に来たのは加山と飯村さんを含めて五人だった。

五人は裏門をよじ登り学校内に入ると、校舎へと向かった。

懐中電灯を点けて犯人に存在がばれるといけないので持参せず、月明かりに目が慣れるのを待った。時間を置かずに慣れてきたので、さっそく事前に鍵を開けておいたトイレの窓から校舎内に侵入した。

うさぎ小屋事件は別として、三年生の教室、四年生の教室ときているので、次は五年生の教室が狙われると推理し、五年生の教室が並ぶ三階へと急いだ。教室のひとつに身を隠したが、待てど暮らせど人が来る気配はない。すると、懐中電灯の光りがサーチライトのようにグルグルと回りながら近づいてきた。

「よし、行こう」

小声で加山が合図を出したが、飯村さんは、

「証拠を掴んでからにしよう」

と制止した。

「わかった」

飯村さんの指示に従い、皆その場で動かずに待った。が、懐中電灯の主は隣のクラスの担任だった。

「なんだよ〜」

残念そうに加山が囁いたので、

「いや、先生が犯人の可能性だってあるだろ？　ちょっと様子を見ようぜ」

再び発言した飯村さんの声に、五人は息を殺しながら、様子をうかがった。

しかしやっぱりというか、隣のクラスの担任は見回りをしているだけで、しばらくすると下へと降りて行った。

その後、粘って犯人の出現を待ったが、気配すらなく、時間だけが過ぎていく。時計を確認すると十一時、さすがに親に怒られるとなったので、その夜は解散となった。

翌朝、飯村さんと加山にバツの悪そうな顔で三人が話しかけてきた。

昨日親に怒られたと異口同音に告げてきて、次からは参加できないとも告げられた。

飯村さんも加山も強制をすることはできないので、三人からの意見を承諾した。

「どうする？　俺たちだけでも行く？」

加山から放課後にそう聞かれたので、飯村さんは深く頷いた。


そしてその晩も七時に裏門の前で待ち合わせをし、校舎に侵入した。

前回と同じくトイレの窓から侵入し、三階へ続く階段の陰で気配を待った。

（今晩も何も起こらないのか）

ふたりがあきらめかけていると、暗闇の中を進む幽かな足音が聞こえてきて、教室の扉を静かに開け閉めする音も耳に入ってきた。

（来た！）

ふたりはアイコンタクトをし、忍び足で音がした教室の方向に向かった。

すると扉のガラス越しに、黒ずくめの大柄な男の姿があった。そしてわずかな隙間から聞こえてきたのは、鼻歌まじりに校歌を歌う男の声だった。

〈チーーチッチーーチーー。バタバタバタバタ〉

その鼻歌をかき消すように響いたのは、五年の教室で飼われているカナリアの暴れる声がだった。

「いい子ちゃん、いい子ちゃん。ちーちゃんて呼んであげましゅよ〜」

男はカナリヤを鷲掴みにすると唇を尖らせ、キスをしようとした。

「痛っ、何すんだよ、てめえ」

くちばしで突かれたのか、男は声を上げるとカナリヤを握りつぶそうとした。

(今だ!)

「何してんだよー、やめろー」

ふたりは手にした金属バットで男に襲いかかった。

無我夢中になり男をボコボコにすると、加山が非常ベルを鳴らした。

「ジリリリリリー」

全校中に響き渡ると、宿直の教師が駆けつけた。

「おまえら、何してるんだ?」

教師が声を上げたので、

「先生、捕まえたよ、こいつが犯人だよ」

怯えてうずくまる男を指さした。

「わかったから、もう帰りなさい。後は先生がどうにかするから」

教師はそう言ってきたが
「先生、ひとりじゃ危ないよ。警察に連絡する」

飯村さんが職員室に走ろうとしたら男が顔を上げた。

「わわわ〜〜〜」

男は持っていたカッターを振り回し出した。

三人がたじろぐと、カッターを振り回したまま逃げて行った。

「待てー」

飯村さんと加山が追いかけようとすると教師が制止した。

「あとは、どうにかするから。ふたりは帰りなさい。だいたいこんな時間に学校に忍び込むなんてだめじゃないか、早く帰りなさい」

そう言って追い払われた。

「なんだよ、せっかく見つけたのに。まあ、先生に任せりゃいっか〜」

加山は暢気にそう言ったが、飯村さんは教師が男の顔を見た時に顔色が変わるのを見逃さなかった。

翌日、登校すると飯村さんと加山は担任に呼ばれ、校長室に連れて行かれた。

校長室に入ると、昨日の教師と教頭と校長が待っていた。

「君たちの正義感は素晴らしいと思う。ただ、夜に学校に忍び込むのはどうかな？　いけないことでもあるし危険でもあるのだよ。それでだ。昨日あったことはわたしたち大人が解決するのでなかったことにしてくれないか。そして誰にも言わないでくれ、頼む」

そう言って校長が頭を下げてきた。その必死な態度に圧され、ふたりはうなずくと校長室をあとにした。

その後、あの一件は伏せられ、学校荒らしが起こることもなくなった。

「いや、でもね。あの日に大人の底が見えちゃった気がして、中学に入ってから自分と加山は荒れましたね。暴走族全盛期でしょ？　ワルの限りを尽くしましたよ。でもさらに成人して大人になると、あの校長の気持ちや態度がわかったんです」

成人してから知ったのは、あの日の男が地元の名士の引きこもり息子だったことと、自分の兄弟を刃物で傷つけて精神病院に送り込まれ隔離された、ということだった。

奇跡

小学校にまつわる事件の最後を飾るのは不思議な話である。

仲元さんが通っていた小学校の体育館は築五十年という年季の入った建物で、仲元さんが五年生の時に取り壊しが決まっていた。

その取り壊しを前に感謝の意味を込めて、全校生徒で大掃除をしようということになった。

大掛かりな全校生徒による掃除は滞りなく行われ、やがて終了した時に、同級生の渕上がニヤッと笑いながら言い出した。

「なあ、面白いところ見つけたぜ。放課後みんなで行こう」

普段からいたずらの過ぎる渕上の言うことだ、あまり乗り気ではなかったが、仲元さんを含めて六人がその『面白いところ』を知る渕上の後を着いて行った。

「早く来いよ、こっちこっち」

足取りの軽い渕上が手招いたのは体育館倉庫だった。

「なんだよ、倉庫かよ」

ひとりが声を上げると、

「いいから、いいから。まあ、聞けよ」

渕上がさえぎるように話し始めた内容は、確かに興味深いものだった。

この倉庫には屋根裏があり、そこに入る穴がある。机と椅子を積みそこに侵入する。その屋根裏は高さがないので這って進まなければいけないが、先に進めば体育館中央ホールの屋根裏に行くことができる。それで、そのど真ん中の一番高い所から下を眺めようという計画だった。

「面白そう、行こうよ」

仲元さんがその提案に賛同すると、その場の全員が乗ってきた。

さっそく机と椅子を積み上げ、倉庫の天井端にある穴に順番によじ登った。

「うわっ恐え～」

仲間内で一番臆病な度会《わたらい》が声を上げた。確かに辺り一面真っ暗闇だし、唯一光が射すその穴を見下ろせば、倉庫の時点ですでにそうとうな高さがあった。

「大丈夫だよ、真ん中の方に行けばちょこちょこ光が見えるから」

そう言って、ぐんぐん中央へ這って進んで行く渕上の尻を、みんなでゆっくりと追いかけた。

〈チューチューチュー〉

「なんだよ、ネズミがいるのかよ。俺、嫌だよ、戻りたい」

度会が再び臆病風を吹かせると、

「ネズミなんて恐くねえよ。俺たちの方がデカイんだから、踏んづければいいんだよ」

今度は仲元さんが度会の腕を引っ張った。

しばらく進むと倉庫の屋根裏とホールの屋根裏の境目まで到達した。

「ここからが凄えんだよ」

渕上は境目を超えて指さした。その指先の向こうの世界は圧巻だった。

「凄え～」

合わせたわけでもないのに一斉に声が上がった。

古い建物故に天井板の至る所に隙間ができている。その隙間から差す光は幻想的で、さらにその広さ大きさが光の存在によってわかるようになっていた。

「じゃあ、真ん中まで行くぞ。で、そこから下を見下ろそう。それまで、下向くの禁止な、特に度会は見んなよ、小便漏らすから」

渕上の言葉に全員笑いながら、真ん中の一番高い所を目指してソロソロと再び進み出した。

真ん中は思っていたよりも遠い。中腰で這って行くのもなかなか疲れるものだったが、あと少しおおよそのゴールが見えてきた時、

「よし、そろそろ着くぞ」

渕上が振り返った。その瞬間に、

〈バキバキッドタッ〉

木が割れる音と共に、渕上の姿が消えた。

「えっ」

絶句したのちに

「落ちちゃったよ、落ちちゃったよ。どうするの、こんな所から落ちたら死んじゃうよ」

度会が泣き出し全員が動揺し始めた。仲元さんも動揺し変な汗が出てきたが、一番に話に乗った手前、冷静さを装った。

「おい、落ち着け！」

自分に言い聞かせる意味でも大声を出して、皆を諌めた。

（んっ、待てよ）

本当に冷静になり、あることに気づいた。

「なあ、木が割れる音は聞こえたけど、落ちた音は聞こえたか？　あの高さから落ちたら絶対に音がするだろう？」

確かにそのとおりといった感じで全員が頷いた。

「隙間から下を見てみる」

臆病者の度会が下を覗き見した。

「誰もいないよ～」

渕上はいないらしい。

「え、本当にいないんだ。ここで覗いても危ないから、戻って確認しよう」

仲元さんがそう言うと、皆でゆっくり辿った道を引き返した。

入口となった倉庫の天井穴に到着すると順に降りて、体育館の中央に走った。

が、渕上が落下したであろう場所に渕上が倒れていることもなく、床が凹んだような痕もなかった。

「渕上、どこ行っちゃったんだろう？　何これ？　何が起こったの？」

度会が泣き出した。

「泣いたってしょうがねえだろ、渕上を探すぞ。渕上～渕上～」

声を上げた仲元さんに続き、全員が渕上を見つけるべく声を上げ始めた。

「渕上～渕上～、渕上～渕上～」

いくら呼んでも声を出しても、渕上の返事は聞こえなかった。

そうこうしているうちに下校を促す校内放送が流れ始めた。

「どうしよう、渕上が消えたよ。ぼくたちどうしたらいいの？」

鼻水を啜りながら度会が目を腫らしている。

「もう、大丈夫だよ。俺が探すからみんなは帰っていいよ」

仲元さんの言葉に、度会を初め皆は申し訳なさそうに校門に向かって行った。

「渕上～渕上～」

再び声を上げ探し始めると
「仲元、大変だ～」

度会が焦りながら駆け寄ってきた。

「どうしたの？」

「渕上がいたんだ、早く来て」

そう言って度会は仲元さんの腕を掴み校門へと走った。

校門に到着すると、渕上がケロっとした表情で立っている。

その姿を見て、安堵からか涙が溢れた。

「何が起こったんだ」

声を震わせ聞くと、

「俺もびっくりしたんだ。天井が抜けただろ？　あっと思ったら、その時、誰かに足を掴まれて一回転したんだ。そこからグルグル回転して、気がついたらここにいたんだ。神様かな～？」

なにバカ言ってるんだとも思ったが、本当に神様の仕業としか思えない奇跡が起こって、渕上は助かったのだと思うと再び涙が溢れ出し止まらなくなった。

その後、三学期が終わり、体育館は取り壊されて新しい体育館の建設が始まった。その新体育館になってからの卒業第一期生が仲元さんたちの学年だった。

そして仲元さんは最後にこう加えた。

「こういう話って、誰も覚えてなかったみたいになるじゃないですか？　でも、あの時、探検した仲間たちは全員はっきり覚えてるんですよ。今でも地元に帰ると必ずこの話題で盛り上がるんです。それは中学に入って、すぐに事故で死んでしまった渕上の供養になるかと思ってね」

こうじさん

野中さんの実家の近くには木造モルタルのオンボロアパートがあった。

二階建てで一階部分二階部分それぞれに一世帯しか住むことのできない、小さくて汚いアパートだった。

野中さんが物心ついた頃には一階部分に中年男が住んでいるだけだった。

名はこうじさんと言い、近隣の大人たちからは疎まれていたが、子供たちからは慕われていた。虫の捕まえ方、笹舟の作り方、凧の飛ばし方などを教えてくれる遊びの天才で、野中さんをはじめ近所の子供たちは、放課後になるとこうじさんの家を訪ね、川や原っぱに一緒に行って『自然学習』の授業を受けていた。


夏休みに入って間もないある晩、暑さのせいで眠れずに何度も寝返りを打っていると、外から怒鳴り声が聞こえてきた。

窓をこっそり開けて、声が聞こえる方向を目で追うと、どうやらこうじさんのアパートから聞こえてきているようだった。


「うるせえんだよバカ野郎、黙りやがれ。このアバズレ！」

「黙れって言ってんのがわかんねえのか、クソ女！」

自分たちにはいつでも優しいこうじさんが、汚い言葉でひとりで怒鳴っている。少し悲しい気持ちになった野中さんだったが、ある異変に気づく。

誰もいないはずの二階の部屋にか細い灯りが点り、それがついたり消えたりを繰り返しているのだ。

さらにもうひとつの異変にも気づいた。聞こえているのはこうじさんの声だけではなかった。こうじさんの怒号の合間に女の呻き声みたいなものが混じっていたのだ。

「う～～～、あ～～～」

「うるせえ、静かにしろってんだ」

その繰り返しだった。そしてその声と明かりの明暗には法則性があった。女の呻き声がすると灯りが点り、こうじさんが怒鳴ると消えるといった具合に。

はじめのうちは怖さと好奇心で聞き耳を立て凝視していたが、同じことの繰り返しなので飽きてきてしまい、いつの間にか眠りに落ち、気づいたら朝を迎えていた。


「ねえ、こうじさんのアパートの二階って誰か住み始めたの？」

朝ご飯の時、父親に訪ねると、

「何言ってるんだ、あそこはあの人しか住んでないだろ」

にべもなく返されたので、続けて訊いた。

「だって、昨日の夜、電気が点いたり消えたりしていたよ。それで、こうじさんが怒鳴ってた」

「そんなのは夢かなんかだ。早く飯を食え」

と父親は面倒くさそうに言い、新聞で顔を隠した。

父親が出勤した後、野中さんも遊びに出掛けようとすると
「こうじさんのところにはあんまり行くなって、お父さんが言ってたからやめた方がい

いわよ」

母親はひと言、義務のようにそう言うと台所に戻り、家事に取りかかった。

先ほどの父親の態度と母親の言葉が引っ掛かったが、野中さんはそこまで気にすることなく、こうじさんのアパートを訪ねた。

「こうじさ〜ん」

「おう、良く来たな。今日は川行って魚でも捕まえっか」

こうじさんはそう言うと、網と小さな水槽を持って準備をし自転車を引っ張り出してきた時、野中さんは昨日のできごとについて聞いてみた。

「こうじさん、二階に誰か引っ越してきたの？」

こうじさんは首を傾げて
「んっなんでそう思ったんだ？」

聞き返してきたので
「だって、昨日の夜、電気がついたり消えたりしてて、女の人の〝あー〟とか〝うー〟って声とこうじさんの〝うるせ〜〟って声が聞こえてたんだもん」

その言葉を聞いたこうじさんは今まで見たことのないような形相を浮かべたが、すぐ

にいつもの笑顔に戻り、

「あっ、あれは、お化けを怒鳴ってたんだ。ケン坊（野中さんの愛称）が生まれる前にあそこに女とその娘が住んでて、餓死しちまったんだ。餓死って言ってもわかんねえよな。腹空かしてそのまま死んじゃったんだよ」

「こうじさん、ご飯あげればよかったじゃん」

野中さんが口を挟むと、

「確かにあげたかったんだけど、俺も見てのとおり貧乏だからあげられなかったんだよ。それに〝飯くれ〟とも言ってこなかったしな。生きてるうちはなんにも言ってこなかったくせに、死んでお化けになったら〝あー〟とか〝うー〟とかうるさくなったんだよ。それで今さら遅えーって怒鳴ってるんだよ。今はお盆って言ってな、お化けが戻って来て、なんか言ってきたりする期間なんだよ。だからもう少しすりゃ、声も聞こえなくなって、二階の明かりもつかなくなるかもしれないから、我慢してくれ。あっ、ウチのアパートと間違えてケン坊のところに行ったらごめんな」

そう言って笑うと自転車に跨がり出発しようとしたその時、

「ケンちゃん、帰ってきなさい」

背後から母親の声が聞こえた。

「嫌だよ、こうじさんと川に行くんだから」

そう言って振り切ろうとすると、こうじさんが言った。

「ケン坊、お母ちゃんの言うことは聞かなきゃだめだ。良い子でいるんだぞ、じゃあな、ケン坊」

そう言うと寂しそうに自転車を手で押し、アパートに戻ると部屋に引っ込んでしまった。そしてそれが野中さんとこうじさんの最後の会話となった。


翌日以降、こうじさんはパッタリと姿を消し、二階はおろか一階のこうじさんの部屋にも灯りが点ることはなくなった。

こうじさんの愛用していた自転車はそのまま取り残された。日に日に錆びていき、雑草が絡まりやがて緑の中に埋もれていった。


その後、なんとなくこうじさんのことを会話に出すのがためらわれていたが、成人をした時に父親にこうじさんの話を聞いてみた。

すると、こうじさんが言っていた二階に住んでいた女と娘とは、実はこうじさんの家族だったという。彼が二階にふたりを監禁し、折檻の上、虐待死させたのだと父親は言った。

じゃあなんでそんな残虐な人が自分たちに優しかったんだ、と食い下がると「罪滅ぼしかなんかじゃないか」と素っ気なく返してきた。

さらに父親はあんなことしたのだからロクな死に方はしてないはずだとも加えた。

幼少期の思い出を美化するわけではないが、野中さんには父親の言葉が信じられなかった。あんなに優しかったこうじさんがそんな畜生だったとは……。

だが、あえて反論はしなかった。父親の中でのこうじさんと自分の思い出の中でのこうじさんが違っていたとしても、それはそれで仕方のないことだし、過去のことなのだ。

こうじさんが住んでいたボロアパートはとっくに取り壊されたが、未だに空き地のままである。そしてこうじさんの行方は今もってわからない、

はたして何処に行ってしまったのだろうか？

異音

山木さんが大学時代を過ごしたある地方での話である。

その町内では、時報や天気、注意喚起、トピックスやニュースなどが、町全体に響き渡るように放送される。

東京都心で育った山木さんにとって、それはかなりの衝撃だったそうだ。

田舎生活にも慣れてきたある日、手許の時計を見ると四時五十八分。なんの気なしに（そろそろ時報だな）などと思いながらの、学校から下宿に帰る道だった。

「ジー、ガサガサ、〈ぅ〜〜〉キンコンカーンコーン、キンコンカーンコーン、夕方五時になりました」

「んっ？」

スピーカーのすぐ横を通りかかった時に時報が流れた。しかし、いつも聞き慣れているはずの時報に違和感を感じた。「ジー、ガサガサ」に続く〈う゛～〉が人の呻き声に聞こえたのだ。

（まあ、気のせいか？）違和感こそ感じたが、そこまで大きく気に留めることもなく、その日は帰宅した。

翌日はすっかりそのことを忘れ、いつもの時間の帰り道。スピーカーの横を通り過ぎようとしたとき。

「ジー、ガサガサ、〈う゛ぁ～～〉キンコンカーンコーン、キンコンカーンコーン、夕方五時になりました」

「はっ」

悪寒が走った。昨日聞いたときよりも、さらにその呻き声のようなものがさらに鮮明に聴覚を刺激してきたからだ。

（スピーカーの近くにいたくない）

本能的にそう感じ、下宿へと急いだ。

なんとなく熟睡できずに迎えた翌朝、二部屋隣に住む同級生と登校時間が重なったので、一昨日と昨日の時報の話をしてみたが、「そんなの気にしたこともないし、聞こえたこともない」と取りつく島もない。

やはり幻聴だったのか？　そんなものが聞こえるということや、気になってしょうがない自分自身のことが妙に不安になり、それ以上話題にはせずに登校した。

その日は三時に授業が終わり、スピーカーの近くで五時の時報を聞かずに帰宅することができた。部屋で研究課題の資料整理に没頭していると、

「ジー、ガサガサ、〈あ〜〜〜あ〜〜〜〜あ〜〜〜〜〉キンコンカーンコーン、キンコンカーンコーン、夕方五時になりました」

窓の外から時報が聞こえる。しかし、呻き声のようなものは今までよりも長くへばりつくような言葉となって、部屋の中の山木さんの耳元で聞こえた。と、同時に、

〈ドンドンドンドンドンッ〉

玄関扉が叩かれた。咄嗟に二部屋隣の同級生が来たのかと思い、急いでドアを開けたが、誰もいない。

自分にいったい何が起こっているのか？　冷静になるために（一旦、町の外に出よう）と思い、上着と原付バイクの鍵を手に取り、玄関を出ようとした。すると、

〈ドンッドンッ〉

隣の部屋から壁を叩く音が聞こえてきた。山木さんは隣が先月に空き部屋になったことを知っていた。恐怖はジワジワと確実に高まっていた。

部屋を飛び出ると急いで原付バイクに跨がり、そのまま急発進をさせて隣町のファミレスへと急いだ。

コーヒーを飲むと落ち着き、なんであんなに怖かったのか急に不思議になった。

と同時に、途中になってしまった研究課題の資料整理のことが頭に浮かんできた。

あの町に、そしてあの部屋に帰るのは嫌だったが、まだ大学生活は始まったばかりだし、親からの仕送りだけでやっていかなければならない身の上としては、怖いなどと言っている場合ではない。

会計を済ませると再び原付バイクに跨がり、アパートに戻った。

駐輪場に原付バイクを停めて、ポケットに入った部屋の鍵を手探りしていると、

〈カンカンカンカンカンッ〉

アパートの階段を降りる音が聞こえてきた。目で追うと、あるメーカーのベンチコートを着た見慣れない後ろ姿が足早に去って行った。

不穏な気はしたが、とにかく早く部屋に入ろうと二階に上がって、自分の部屋に向かったところで足が止まった。

「うわあああああ」

山木さんの部屋の玄関のドアに、赤いスプレーで大きく「×」印が書かれていた。声を聞きつけて二部屋隣の同級生が驚いた顔を覗かせた。動揺している山木さんを部屋に入れてくれて、大家に連絡をしてくれた。

数分後、大家が到着したので山木さんが事情を説明すると、しぶしぶ玄関ドアの修復費を負担すると言い、面倒臭そうに帰っていった。

結局その「×」がなんだったのか、あの部屋でもしや過去に何かがあったのかなど、結局わからないままだ。

しかし不思議なことに、それ以来、時報に呻き声を聞くことも、壁を叩く音が聞こえることもなくなったそうだ。

「えっ？　そこに住み続けたんですか？」

私が問うと、

「はいっ、金もなかったし、親にも迷惑かけたくなかったので。よく、怪異があった部屋から出て行くって話あるじゃないですか？　でも、学生はそう簡単に引っ越しはできないですよ」

確かにそうだ。妙に納得した。

選ばれし者

東京都心、バブル華やかなりし頃の話である。

好景気真っ只中で狂乱の時代、金に糸目をつけない者が闊歩《かっぽ》していた街で、それに乗じそれを利用し小狡（こずる）い詐欺を働いていた男がいた。

そういった話に興味を持ったわたしは、以前に飲みの席で少し話を伺ったVさんに、もっと詳しい人がいれば教えてください、と伝えてあったのだ。

「この間の話、俺より小高ってヤツの方が詳しく知ってるから。そいつが当事者かどうかって？　それは会ってから聞いてみてよ」

ということで、飲み仲間のVさんが小高という人物を紹介してくれた。

予定の時間より五分遅れで到着した小高は、現役感丸出しのギラギラした容貌をしていた。日焼けサロンでこんがりと焼いた肌、真っ白に輝くセラミック歯、厚めに彫られた二重瞼、綺麗に通った鼻筋、見事な造形物だった。

「初めまして小高と申します。あの話ですよね、Vさんに聞いてます。あっ、わたしが当事者です」

あまりにもあっさり詐欺をしていたことを認めた小高は、その見た目に反してとても丁寧な口調で話し始めた。

バブル期当時の小高は十八歳になりたてだったが、東京出身ということもあり、それなりに遊びを知っていた。しかし裕福な家庭に育ったわけでもなく、学歴があったわけでもないから、都会での遊びを堪能できるほどの資金力はなかった。

アルバイトをしてもたかが知れている、そこで思いついたのが、小口の資金集めをこなすことだった。

まず、わかりやすいのは得意の話術を使って女の子をナンパし、それを自分より年長の人間に紹介してバックを頂戴することだった。

さらに小狡いというかみみっちいのは、自身が合コンの主催者になり、金を回収する時にひとり頭五千円ほど多く請求し、それを懐に入れるなんてことをしていた。

そしてもうひとつの集金方法は、ダイレクトに女を騙すことだった。

まずは女たちに良い思いをさせる。具体的には高級外車（当然借り物）で迎えに行き、一流レストランでディナーをご馳走し、シティホテル（死語）に宿泊するというような感じだ。

「合コン斡旋業だけで資金って足りるんですか？」

つい口を挟むと、

「徳光さんが思ってる合コンって週一回とか二回とかですよね？　自分は週六回から十回やってたんですよ。あっ、首を傾げるのもわかります。ダブルヘッダーやトリプルヘッダーもあったので十という数字が出てくるわけですよ」

「失礼しました」

自分の常識で口を挟んでしまったことを謝ると、

「いや、いいんです、お気になさらずに。で、ここからなんですよ。先ほどの外車からのくだりがあるじゃないですか？　あれってフルコースを一回だけやって、すぐに引っ張ろうとしてもだめなんですよ。やっぱり三回は良い思いをさせるんです。そうすると、向こうは安心するというか、こいつ金持ってるな、となるわけです」

「なるほど、未知の世界です」

少し感心した。

「未知の世界で良いんですよ徳光さんは。で、ここからなんです。信用させた後に小出しに、例えば五万ずつくらいを適当な理由をつけて引っ張るんですよ、唾をつけた複数の女から。財布を落としたとか、銀行カードを無くしたとかって理由をつけて」

「えっ！　いくらなんでも、そんなのでお金を出してくれる女はいるんですか？」

にわかに信じられず、ここでも口を挟むと、

「当時の実家暮らしとかの女子大生とか基本的に金持ちが多くて。時代なのか、おおらかというか。ま、いっか、ちょっとくらい、っていう発想の子が多かったんですよ。もちろんその前段階で良い思いをさせているからこそなんですけどね。だって、あんなにイイ車に乗ってる人なんだから五万くらいすぐ返す、と思うでしょ？」

確かに小高の会話の運びは上手い。聞いていると妙な説得力を感じてしまう。

「携帯も出始めで、メールなんかも無い時代ですから、うまくそして徐々にトンズラこくわけですよ。でもね、わたしが足を洗うきっかけを作った出来事がありまして――V

さんに触りは聞きましたよね？」

詐欺講座が終わり、いよいよ本題に入ってきた。

いつものように高級外車でお出迎えして、ドアを開けてカモった女を助手席に乗せた。

「今日はありがとうね。忙しくなかった？　大丈夫？」

女の御機嫌取りから会話をスタートさせ、エンジンをかけて出発した。

「小高くん、そういえばカードは見つかった？　まだ、見つかってなかったら、お金のことはいつでも言ってね。わたし、小高くんのこと好きだしそれぐらい渡せるから」

女はそう言うと小高の手を強く握ってきた。

（こいつ、本気で好きになってやんの。もう少し引っ張ろう）

カモがネギを背負ってきたと思った小高は、彼女からは見えない左頬をニヤリと歪ませて言った。

「そんな〜悪いよM子ちゃん。この間のお金もまだ返していないのに」

「いいよ、別に。ほら、今日もパパからデートだろって言われて、こんなに貰っちゃった。使っちゃお。あっ小高くんが持ってて」

女は小高のカバンを開けると、一万円札の束を押し込んだ。

「いやいや、それはダメだよ。でもせっかくだから、ふたりのために今日はこれを使おうね」

ウキウキをかみ殺し、言葉を選びながら運転を続けていると、そろそろ目的地のレストラン近くに到着しようとしていた。

目的地手前の最後の信号で信号待ちをして、青に変わるとアクセルを踏んだ。

〈カツッ〉

前の車がすぐに発進しなかったところに、タイミングが悪くわずかながらバンパーを接触させてしまった。

「なんだよ、もう」

いろいろな意味でせっかくのデートが台無しになってしまうと思った。しかしここは紳士的な対応をと思い、謝罪しようとドアに手をかけたら、前の車から男が降りてきた。白いスーツに黒のストライプ、オールバックに金縁のサングラスという、典型的な出で立ちの男だった。

小高はドアにかけた手を引っ込め、ロックをしっかりかけた。相手は運転席の横にくると窓を乱暴にノックした。

「おい、こら、どこ見て運転してんじゃ、コラ」

窓越しにも聞こえる怒鳴り声が響いた。これはまずいと思った。そして助手席に座るM子が怯えてしまっているだろうし、どうしたものかと目をやった。ところが女は他人事のようにそっぽを向いている。

（えっどういうこと？）

混乱しながら、窓を開けず震える手を合わせて何度も頭を下げたが、男は顎でクイクイと外に出るように催促する。

「ちょっと行ってくる」

M子に声をかけ、仕方なく車外に出ていくと、

「よくもぶつけてくれたな。ここじゃ話にならんから、ついてこい」

男はそう言うと自分の車に乗り込んだ。小高も自分の車に戻ると、男に誘導されるかたちで車を走らせた。その間、助手席のM子に平謝りをしたのだが、彼女は相変わらずそっぽを向いたまま、ひと言も言葉を発しなかった。

生きた心地がしない運転が続き、男の車がハザードランプを点灯させ停車したのは、

新宿の交差点だった。

男は車から降りてくると、カツカツ靴を鳴らしながらこちらにやって来た。

「すみませんでしたー！」

人通りの多い場所である。酷いことにはならないだろうと踏んで、先手必勝とばかりに大声で謝罪した。

「すいませんで済むかい、おい」

男は再び怒鳴り散らすと、小高の車の運転席を開けるとキーを抜き、排水溝に放り込んだ。

「ちょっと！　何するんですか！」

相手は強面とはいえ、さすがにそれは許し難い。思わず文句が口から漏れた。

「なんだと、コラ」

鳩尾に一発膝蹴りを食らった。小高が膝から崩れ落ちると、

「なあ、誠意を見せろや。誠意をよ～」

ニヤニヤしながら言ってきたので、そのまま土下座の体勢になり、

「申し訳ありません、修理代、お支払いしますので、許してください」

頭を地面に擦りつけた。すると、

「ボスッ」

後頭部から鈍い音が聞こえた。どうやら頭を踏みつけられたらしい。

そこから記憶が飛んで、目が覚めると真っ暗闇だった。

「えっ、ろころこ？」

意識を取り戻した小高が声を上げると、口の中に鉄の味が広がった。舌を動かすと前歯がすべて無くなっていた。土下座で頭を踏まれた時に折れたのだろう。そして後から追いかけるように激しい痛みが襲ってきた。

さらに都合が悪いことに、手と足はロープで縛られているようだった。

「ウッ」

複数のヘッドライトが点灯し、小高の眼球を襲った。

「はふけてふれ～（助けてくれ～）」

大声で叫ぶと、一台の車から男が降りてきた。さっきの強面とは違う初老の男だった。

「助けてやる。うん、助けてやるとも。でもね、今から君にはあることをしてもらいたいんだ。うーん、してもらうというか、君はただじっとしていてくれて、わたしが明日のこの時間にここに来て、クラクションを鳴らす。その時に目を覚ましてくれれば、君を解放するよ。でも、クラクションは一回しか鳴らさないぞ。一回きりだ」

男はそれだけ言うと再び車に乗り込んだ。

〈バタン〉〈バタン〉〈バタン〉

横並びの他の車から男が複数降りてきた。

「なにするんれふか～（なにするんですか～）」

小高の叫びには耳を貸さず、顔に蜜を塗りたくった。

「やめてくらはい、やめてくらはい」

力なく抵抗したがまったく意に返さず、次の作業に取りかかった。

〈ガチャンッ〉

縛ってあるロープの後ろに金具を取り付けると、

〈ガシャンッ、グイーン、ピーッピーッピーッ〉

小高は宙に吊るされた。再び、

〈ピーッピーッピーッ〉

重機の音が響くとゆっくりと下降した。暗闇の中、地面に四角く小さな穴があるのがわかった。

〈チャポン〉

足から腰まで、ドロッとした液体の中に沈められた。同時に、

〈グワーングワーングワーン〉

何かが回る音と、どこかで嗅いだことのある匂いは、折れ曲がった鼻の奥を突いてきた。セメントの匂いだった。

男たちはここまでがひと通りの作業なのか、終えると車に乗り込んだ。複数のエンジン音が鳴ると車は次々とその場から去って行った。

しかし、一台が停まり、後部座席の窓が開いた。

「安心しなさい、セメントは回転しているかぎり、固まらないから。それでは頑張りたまえ、クラクションは一回だぞ」

初老の男はパワーウィンドウを閉めると、ゆっくりと去って行った。

恐ろしいほどの静寂の中、鈍い小さな機械音が地の底からじんわりと感じられる。

自分が腰まで浸かっているセメントを入れた箱のようなものには、どうもセメントを

攪拌する装置が付いているらしい。それはご丁寧に地中に埋められていた。

〈ブーン、チーチーチー〉

小高に付着した甘い蜜を求めて虫が寄ってきた。虫たちは容赦なく顔面を弄び、蜜を吸い出した。抵抗しようにも両手が塞がり何もできない。声を上げたところでどこだかわからない山中だ。

寄ってくる虫になすがままされるがままの状態になり、下半身にセメントの冷たさも身に凍みて、意識が遠のいてゆく。

(このまま死ぬのかな?)

いろいろなことが頭を過ぎると、やがて虫に喰われたまぶたがさらに重くなり、完全に気を失った。

〈プーーーーー〉

「ひゃいッ」

大きく響くクラクションの音に反応し、つい声が洩れた。

初老の男は車から降りると、他の車に手で合図をした。昨晩と同じようにバタンバタンと男たちは車から出てくると、クレーン車に乗り小高をセメントから引き上げた。

小高の体が地面に横たわると金具を取り、ロープを外した。

気力と体力をすべて消耗し、虫の息で横たわっている小高に、

「良く頑張った、ありがとう」

そう言うと、初老の男は小高の肩をパンパンと二回叩いてからカバンを放り出した。

「昨日、M子が君のカバンに入れた金があっただろう。あれは君のものだ。いやー頑張ってくれたからもう少し――」

そう続けると、小高のカバンの口を開け、さらに一万円札何枚かを投げ入れた。

（M子？　どうしてM子の名前が出てきたんだ？）

朦朧とした中、重たいまぶたをゆっくり開けると、初老の男の横でカモったはずの女、M子がタバコを吹かしていた。

「やだー、またパパの勝ちじゃん。やっぱり、パパには勝てないな～」

キャッキャと飛び跳ねながら、腕に絡みついていた。

「あっ、小高くん、パパって別にお父さんじゃないし。まあ、関係ないか。パパ、もう行こう。次はわたしが勝つからね。絶対に良いカモ見つけよっと」

M子はさっさと身を翻すと、車に乗り込んだ。

初老の男は小高に、

「世の中にはいろいろな遊び方がある。しかし人を騙すのは良くないことなんだよ。このことをしっかり覚えておくんだぞ」

そう言うと、M子が乗った車に乗り込んだ。

呆然としている小高に、その場にいた男が「喉が渇いているだろう」と缶コーヒーを差し出した。むしゃぶり飲んだ小高が次に目を覚ましたのは、自分が連れ去られたと思しきあの新宿の交差点のコーヒーショップの前だった。


「ちょっと壮絶すぎますね……」

話を聞き終えたわたしがそう言って絶句していると、

「漫画みたいですよね？　でも本当なんですよ」

さらにそのあと小高は整形手術にかかった時間と費用を具体的に話すと、新宿のギラギラしたネオン街へと消えて行った。

生還

「これは奇跡というか、今でも感謝しかないんです」

そう話すのは、今年五十歳を迎えた和泉さんである。

和泉さんは小学生の頃からスキーをしているので四十年の歴がある。その中で一度だけ、命を落としそうになったことがあるそうだ。

場所はK岳という大変メジャーなスキー場だ。そのK岳にはRという大変危険なスポットがある。なぜ危険かというと、噴火口のように擂鉢《すりばち》状になっていて新雪も積もりやすく、「滑り終わった」と思うと目の前に同じ高さの昇り斜面がある。そこをスキー板を履いたまま登ることなど勿論できず、板を外してスキー靴で登るというのもほぼ不可能、つまりそこに入り込んでしまうと、抜け出ることが難しいとされているからだ。

事実、毎年雪解けシーズンに、結構な頻度で遺体が見つかるそうである。

現在は「滑走禁止」の鉄の看板とフェンスがされていて、中に間違って入るということはないようになっているが、三十年くらい前までは、忘れ物のようなストックに捻り巻き状の黒と黄色のロープが力なくかかっていて、そこに手書きの「滑走禁止」というボール紙が引っかかっているだけだった。

まさにその三十年前、和泉さんは大学受験に合格し、受験勉強で蓄積した鬱憤を晴らすべくスキーに出掛けた。

メンバーは中学高校時代から常にスキー旅行を共にしていた、高田と山崎そして和泉さんの三人だった。

和泉さんが浪人していたため三人揃ってのスキー場は久しぶりだったので、初日から大いに飛ばした。気がつけばナイタースキーも終わりの時刻を迎えようとしていた。

「ラスト一本行こうぜ！」

和泉さんは威勢良く高田と山崎に声をかけたが、ふたりはヘトヘトといった様子で首を横に振った。

「なんだよ、じゃあ俺ひとりで行ってくっから、先に宿、帰ってて」

そう言ってナイタースキーで乗れる最長のリフトに乗り込んだ。

ほどなく、先ほどまで月と星が綺麗に見えていた夜空が灰色に変わり、やがて雪が降り始めた。頂上に到着する頃には、かなりの降雪になり、目にも雪が舞い込んでくる状態になってしまった。

「くっそー、なんだよ」

ひとりごちるとゴーグルを装着し直し、リフトを降りた。ストックを強く握り、滑走の準備をする。

（視界が悪い、悪すぎる……）

リフトに乗って下山することも考えたが、せっかく来たのだ、すっ飛ばして降りようと、吹雪の向こうに幽かに見える灯りを目指して滑走を始めた。

「痛っ」

いきなり勢いよく転んだ。何かに引っ掛かったような転び方だった。前後左右を確認しても、引っ掛かるようなものは何もない。

体勢を立て直して再び滑走に入った。まわりに人はおらず、誰を気にすることなく猛スピードを出して滑ったが、灯りには一向に近づけない。

むしろ遠ざかっているようだ。

（おかしいな～）

そうは思ったが、とりあえず滑るしかないと小刻みにターンを加え、滑走を続けた。

そうこうしているうちに降雪が弱まってきて、星が再び見えてきた。

視界の良好さに安堵したのも束の間、下山しているはずが、目の前に広がったのは和泉さんを中心に四方を取り囲む白く急な雪の壁だった。

「えっ？　これどういうこと？」

星空とその雪壁を見上げながら声を洩らした。

いったん頭の中を整理し冷静さを取り戻すと、スキー板を装着したままストックを使ってその急な白い壁を登り始めた。

しかしいくら登ってもいくら進んでも、壁のてっぺんは近づいてこない。

（これは板を外さないと無理だ）

スキー板のビンディングに手をかけ外していると、バランスを崩して後ろに体重がかかり、勢い余って転んでしまった。

さらに立ち上がろうとすると、脚力が弱っているのかよろけてしまい、そのまま転げ落ちてしまった。

二転三転、数えきれぬほど後転を繰り返して動きが止まると、どうやら振り出しに戻ったようで、白い壁のてっぺんが遠くなったと確認できた。

（なんとか帰らなければ）

自由が利きにくいスキー靴を引き摺りながら、再びてっぺんを目指し歩み始めたが、朝から滑りっぱなしが故の疲労が体と脳を支配し意識が朦朧としてきた。

さらにその運動量からか、スキーウェアの中は汗でビチョビチョになってきた。

意識が遠のき、まぶたが重くなる。

（もうだめだ）

そのうち気を失い、新雪に吸い込まれるように静かにその場に倒れ込んだ。

〈ドンッ〉

俯せになっていた背中に衝撃が走った。頭を上げて首を回しても誰もいない。

まぶたを閉じると、さらにもう一度、二度目の衝撃がきた。

〈ドンッ〉

なにかが背中を叩いたのがはっきりとわかった。すっかり意識が戻った和泉さんは立ち上がり、改めてヨロヨロと白い雪の壁を登り始めた。

しかしその斜面は険しく、行けども行けども、てっぺんは近づいてきてくれない。

最後の力を使い果たし、傾斜の途中で再び俯せに倒れ込んでしまった。

（もういい。ここが俺の死に場所なんだ。大好きなスキー場で死ねるなんて本望だ）

大学に受かったばっかりなのに冷静に人生を悟ってしまった和泉さんは、再びまぶたを閉じた。すると、

〈ドンッ、ドンッ〉

今度は二回連続で背中を強く叩かれた。しかし体がもう反応できない。心の中で（もうほっといてくれ、このまま眠らせてくれ）と呟いた。

すると、

〈ズズズ〜ッズズズ〜〉

何者かに手首を掴まれ、自らの体が引き摺られている。

（なんだなんだ）

幽かに目を開けて見ると、確かに、誰かの手が和泉さんの手首を掴み斜面を登っていってくれているようだ。しかし意識はまだ朦朧としたままなので、為すがまま身を預

けズルズルと引き摺られ続けた。

しばらくそのままの状態が続くと、フッと手首を掴む力強い手が離れた。

（助かった）

確証はないがそう思った和泉さんは再び気を失い、意識を取り戻したのは病院のベッドの上だった。

目を覚ましゆっくりとまぶたを開くと、高田と山崎、そして両親が涙を流しながら喜んでいた。

体力を取り戻し退院した和泉さんが、お礼を言いに地元のレスキューの人に会いに行くと、

「あんちゃん、Rに行っちゃったら俺たちも捜索できないんだよ。ヘリも降りられないし、スノーモービルでも帰って来れなくなっちゃうから。だから、本当は雪解けまで手が付けられないんだよ。でも、たまにあんちゃんみたいに助かるのがいるんだよね、なんだろうね。おばけか神様が助けてくれんのかね。でもこれからは無茶したらダメだから。お父さんもお母さんもほら、泣かしちゃだめだからね」

そう言って肩を叩かれた。

今でもスキーは続けているし家族とも楽しんでいるが、ナイタースキーは和泉家のルールとして禁止されている。

「生かされた命ですからね、大切にしないとバチがあたります」

とても良い話を聞かせて頂いたのだが、

「和泉さんは感謝とおっしゃいましたけど、頂上で見たその灯りと言うか灯火のようなものも、霊が誘ったとは考えられませんか。霊に生と死を弄ばれたのではないか？　なんて考えてしまうわたしはやっぱり意地が悪いんですかね？」

思ったままの疑問ぶつけてみたら、和泉さんは眉間に皺を寄せながら、

「確かに……」

そう言って遠い目をした。

落とし物拾い物

犬とか猫というのは不思議なもので、恩返しをするというか成果を見せるというか、何かを持ってきて人の前に並べる時がある。

わたしも以前に犬を飼っていたのだが、原っぱで放して自由にさせていると、けっこうな頻度で隣の畑の肥料になっている残飯を持ってきて、目の前に並べられたことがあった。その度に「こんなものはいらない」と叱っていたのだが、懲りずに繰り返してしまう愛らしい犬との時間は、今でも大切な思い出になっている。

江草さんとドンはいつものように散歩に行った。散歩の〆は砂浜で、リードを外して思いっきりドンを自由に走らせてあげることだった。

大型犬であるセントバーナードのドンは、他の犬を襲ったり人を威嚇するようなことはしない穏やかな犬なので、安心してリードを外していた。

「ドン、帰るよ」

適当な時間を過ごした後、手をポンと一回叩くとドンはこちらを振り返り全速力で戻ってきた。

が途中、波打ち際で立ち止まった。何かをくわえ込んで、ズルズルと引き摺っている。そこそこの距離があったので、そのくわえ込んだものがなんなのかは確認できなかったが、ドンには前科が多々あったので不安が少しだけよぎった。

前科とは、鶏の死体だとか打ち上げられた小型の鮫の死骸だとかを持ってきて、主人である江草さんに献上したのである。お座りしながら尻尾を振り振りで、誇らしげに目尻を下げている。お褒めいただこうと額を寄せてくるのは愛らしいが、これだけはたまにやってしまう悪習だった。かと言って、ドンを思いっきり走らせてあげられるのは浜辺しかないので、ジレンマもあったそうだ。

そうこう思いを巡らせているうちにドンが帰ってきた。案の定、くわえてきた得体の知れない三十センチぐらいの塊を目の前に置いた。

「ドン、こんなのいらないよ」

ドンの頭を撫でながらその塊を良く見ると、ブヨブヨにフヤけた薄紫色の嬰児の死体だった。

「ぎゃーーー」

江草さんは今まで出したことのないような悲鳴を上げた。

すると、浜を全速力で走る足音が聞こえてきた。

〈ザッザッザッザッザザザザザ〉

「ありがとう、本当にありがとう」

続けざまに右耳のすぐ横から女の声が聞こえてきた。

「えっ」

右を向くと姿はなく、視線をドンの方に落とすと、左脇に嬰児の死体を抱え右手でドンの頭を撫でる女がしゃがんでいた。

「はあああ?」

固まった江草さんの視線に気づくと、女は見上げてきた。

青白い肌に大粒の眼球、黒目は白く濁り、アイシャドーでも施したようなくっきりとした隈、唇は青紫色、パサパサで水分のない縮れた長い髪を潮風に揺らしている——その容姿は、とてもこの世の者とは思えなかった。

女は〈ザッ〉と突然立ち上がると、

「ありがとう、恩人です。あなたたちは――」

早口で三度繰り返すと、再び全速力で走り出しアッという間に姿を消した。


今、目の前で、何が起こったのか、整理がつかなく立ちすくむ江草さんは、ドンの激しい息づかいで我に返った。

「ドン、大丈夫？」

ただでさえ息づかいの荒いドンの息が、いつにも増して大きく荒くなっている。

「ドン、ドン？」

背中を摩ると少し治まってきたので、

「もうちょっと休んでから帰ろっか？」

伏せの状態にして頭を優しく撫で上げた。

ぼ～っと女が走り去った方向を眺めていると、異変に気づいてしまった。

あれだけ大きな音を立てて走り寄って走り去ったのに、女の足跡がどこにも見当たらないのだ。

「あれっ？」

しげしげとじっくり見ても、そこにはただただ真っ平らな黒い砂浜が広がるばかりだった。ふと我に返った江草さんは、ああ早く帰ろうと、

「行こうか、ドン」

ドンが立つようにリードを引いた。しかしドンもすっかり疲れてしまったようで足取りが重い。しかたなくドンのペースに合わせゆっくりと歩を進ませ帰宅すると、江草さんにもなぜか疲労が襲ってきた。

寝室に傾れ込むと、夕食も食べずに泥のように眠りに入ってしまった。


「お姉ちゃん、起きてーーー大変！　ドンが！　ドンが！」

妹の叫び声で起こされた。急いで、リビングに行き、ドンのもとに駆け寄ると、ドンはだらしなく舌を垂らし、ぐったりと動かなくなっていた。

「ドン、ドン、起きて、ドン」

強く抱きしめながらドンの体を揺すっても、力なく揺れるだけだった。

わずかな望みを胸に動物病院に連れて行ったが、ドンが息を吹き返すことはなかった。

江草さんはその絶望的な悲しさを経験してしまって以来、大型犬を見ることすら苦手になってしまったそうだ。

あの女の落とし物を拾ってしまったがためにか――急逝してしまったドンがあまりに不憫でならない。

霊なのかサイコパスなのか知らないが、動物を巻き込むのは許し難いことである。

技ありふたつ

岡井さんは言う。

「物理的におかしなことと、その～、霊現象的に変なこと。技ありふたつで合わせて一本みたいなことが起こったんですよね」

「随分、ノンキな表現ですね」

言い出しから怖さを微塵も感じなかったので、少し冷静にそう返したが、当事者である岡井さんからすると、そんな感じで話さないとやってられないのだと言った。

なぜなら、未だにその場所を自宅兼事務所にしているので。

岡井さんが現在のマンションを借りたのは三年前のことである。それまでは郊外の戸建て住宅に住んでいたのだが、離婚を機に引き払い、ひとり暮らしに丁度いい物件が見つかったので、そこを自宅兼事務所にしたのだそうだ。

築六年のそのマンションは陽当たりも良く、収納も充実しエントランスも綺麗で理想的だった。そして家賃が相場よりも休めに設定されているのも、離婚したてで慰謝料やら養育費で出費のかさむ岡井さんにとっては好都合だった。

引っ越しして一年が経ったある日の夕方、岡井さんが自宅で仕事をしていると、

〈ピンポーン〉

インターフォンが鳴った。モニターに映ったのは、無地のキャップを被ったふたりの中年男性である。

「なんですか?」

岡井さんの問いに
「すみません、洗面所の水道管の点検です」

ふたり組はキャップのツバに手をあてながら、モニターの向こうで会釈している。

(あれ、そんなことあったっけな?)

首を傾げたが、ポストに投函されているマンションからの通知をロクに見ずに捨ててしまっていたので、それほど深く考えずに、エントランスの自動ドアの解錠ボタンを押

した。

〈ピンポーン〉

「えっ？」

解錠ボタンを押してすぐさま、玄関のベルが鳴った。岡井さんの部屋は八階である。どんなに急いでも、こんな早さでここまで来られるはずはない。

「はい、どなたですか？」

「先ほどの点検の者です」

不審に思いドアスコープを覗くと、やはりあのふたり組だった。

（疲れで時間感覚がおかしくなっているのかな？）

自らに原因があるように感じた岡井さんは、ドアを開けるとふたり組を迎え入れた。

「お忙しいところ、すみません。すぐに終わるので」

そう言うとドカドカと土足で上がりこみ、洗面所に向かった。

「ちょっと、靴ぐらい脱ぎなさいよ」

当たり前のように土足で上がりこんできたので、ぼ～っとその光景を眺めてしまったが、ハッと気づき声を上げた。

「ちょっと、聞こえてますか？」

洗面所のドアは閉められ、中からは返事がない。

（これは不審者かもしれない）

そう思ったので、寝室にしまってあった金属バットを片手に、もう一度洗面所に向かって声をかけてみた。

「聞こえてるんですか？」

やはり返事がない。

警察に電話をするか？　でもここでかけても声を聞かれたら、逆上されて悲惨な結果を招くかもしれない。

心拍数は上がったが、冷静を装いさらにもう一度声をかけた。

「ちょっと？　入りますよ」

バットを上段で構え、勢いよくドアを開いた。

「へっ？」

洗面所には誰もいない。隣接する風呂場にも誰もいない。

（えっなに？　なにがあったんだ？）

混乱していると、

〈ジャーーーーー〉

蛇口という蛇口すべてから一斉に水が流れ出した。

「なんだ、なんだ！」

さらに混乱を極めたが、急いでそれぞれの蛇口を締めると顔を擦り、たった今、目の前で起こった出来事を頭の中で冷静に整理し、深呼吸をひとつした。

しかし、ドアフォンからの一連の流れで、条理に合うことはひとつもなかった。

（では、どうやって自分を納得させられるか？）

そこで思いついたのが、なぜか水回りの掃除だった。ゴム手袋をはめ、風呂場から掃除を始めようと、洗面台の下にある収納を開けると、

「なんだこれっ」

思わず声が洩れた。

そこには古ぼけたふたつの位牌と、バキバキに折られた卒塔婆《そとば》が入っていた。もちろん、そんなものを入れたことなどないし、引っ越ししてきた時に何もなかったことを確認している。

洗面所の床にとりあえずなんとか出したものの、途方に暮れた。

寺に持ち込んで供養した方がいいのかとも思ったが、誰の位牌と卒塔婆かわからないものをそれまで持っているのも嫌だったので、ゴム手袋をはめゴミ袋を手にするとそこに放り入れ、マンションのゴミ収集所の「燃えるゴミ」と書かれたダストボックスに放り込んだ。

その後、何回かダストボックスを覗いたが、しばらくは底に置かれていたが、一ヶ月もすると無くなっていた。

それっきり何も起こらないし住み心地は快適なので、岡井さんは今もそこに住み続けている。


「ねっ、合わせて一本でしょ？　現象と原因の」

「はいっ。でもいつの間に、誰が入り込んでそんなものを入れたのかとか追求しなかったんですか？」

というこちらからの問いに、

「どうやって調べるの？　あっそうか、大家に言ってもっと家賃安くしてもらおう。徳光さん、ありがとう」

そう言って、大家に電話をし始めたので、伝票を握り退散した。

その後、岡井さんから家賃が安くなったという報告は受けていない。

恩人

今では恰幅が良くゴルフ焼けをしている紀藤さんだが、幼い頃は大変体が弱く、幼稚園に通うよりも病院に行くことの方が多かったそうだ。

喘息の発作があまりに酷い時は救急で総合病院に運ばれたりもしたが、普段通っていたのは鹿野小児科という小さな医院だった。

鹿野先生は医師と患者という範疇を超え、病弱で友達ができなかった紀藤さんの遊び相手にもなってくれたこともあり、自分の父親よりも懐いていたぐらいだった。

小学校に入りどんどん成長し体が丈夫になった紀藤さんは、鹿野小児科に通う頻度は減って中学に入学する頃には診療を受けることもまったくなくなった。それでも町中で先生を見かければ必ず挨拶をし、近況を報告していた。

「一平（紀藤さんの名前）いつもありがとうな。俺の仕事がなくなることが俺にとっての一番の幸せなんだから」

それが鹿野先生の口癖だった。

大学を卒業した後、地元を離れて就職をした紀藤さんだったが、鹿野先生のことはいつも気にかけていた。

(最近、先生の調子が良くなくて病院に入っている)

そんな話を母親から聞いたのは、就職から三年目の秋だった。ばりばりに働いていたのでなかなか地元に帰ることができなかったが、なんとか一日休みを貰えたので鹿野先生に挨拶をと思い、地元に帰る手はずを整えた。

実家に帰ったその日の午後に、鹿野先生に会いに行く予定だったが、

「鹿野先生だけど、ボケが進んじゃったみたいで、あなたを見ても誰だかわからないと思うわよ」

(調子が悪いとはそういう意味だったのか)

紀藤さんは母親の言葉に切なくなってしまったが、思い出してくれるだろうという一縷の望みを胸に先生が入院する病院へと向かった。

病院に到着すると、すっかり老いてしまい空を力なく見つめる鹿野先生が、看護婦に付き添われ中庭のベンチに腰掛けていた。

「先生、お久しぶりです、一平です」

元気よく挨拶をすると、先生は「ザッ」と起立して、

「上官殿、大変ご無沙汰をしております。そしてわたくしなぞにお時間をいただき、恐縮であります」

と言うと、敬礼をしながら深々と頭を下げてきた。

その代わり様と認知症の進行具合を目の当たりにして、涙が溢れそうになった紀藤さんだったが、できる限りの笑顔で対応した。話の内容云々よりも先生と一緒にいられることこそが嬉しかったので、自分を上官と思い込んでいる先生の話を大きく頷きながら聞き入った。

先生は一方的に話すと少し疲れてしまったのか、その場で目を閉じ、やがてイビキをかき出した。

「大丈夫なんですか?」

心配になり付き添いの看護師に問うと、

「大丈夫です。ただもう疲れてしまったと思うので、そろそろお引き取りいただいたほうがいいかもしれません」

との返事だったので、ベンチから腰を上げた。

その途端、先生がクワッと目を見開いた。

「本日は誠にありがとうございました。上官殿、お帰りの際は横断歩道にお気をつけ下さい。青信号を一度見送ってください」

そう言うと、再び気を失ったようにイビキをかいて、看護師にもたれ掛かった。

さらに声をかけるのも悪いと思った紀藤さんは、そのまま病院を後にした。

帰り道ボーッと歩いていると、横断歩道に差し掛かった。信号待ちをしていると先生の言葉が甦った。
(そういえば先生、青信号を一回見送れって言ってたなあ。言いつけを守ってみるか)
深く考えず、青信号でそのまま立ち止まっていると、
〈ドンッ〉

「青になってんだろ、早く行けよ、ばーか」

ガラの悪そうな輩《やから》が背中にぶつかると、紀藤さんをねめつけるように見ながら渡っていった。

「あっすみません」

その後ろ姿に声をかけると、

〈キッキーーーーーーー〉

鼓膜をつんざくようなブレーキ音が聞こえた。と思ったら、大型トラックが交差点に突っ込んできた。

「きゃーーー」

女性の悲鳴が上がる。その女性が指さした先には、突っ込んだトラックの大型車輪に巻き込まれてボロ布のようになっている先ほどの輩――というか肉塊があった。の時、

「お役に立てて光栄です」

背後から鹿野先生の声が響いた。

「えっ」

振り返っても辺りを見回しても、先生の姿はなかった。病院からも数百メートルは離れているから当然だ。

その後、震える足を手で抑えながら、警察に色々訊かれたがそれに応えると、早々に実家に戻った。そして事の顛末を母親に報告した。

「それ、空耳とかじゃないかもしれないわよ。先生はあなたを守りたかったのよ」

母親の言葉に、いろいろと溜めていた涙が一気に溢れ出てしまった。

翌日、自宅アパートに戻ると、留守番電話の赤いランプが点滅していた。再生ボタンを押すと鹿野先生の訃報を伝える母親からのメッセージだった。

「恩人はいつまでも恩人だし、どこまでいっても恩人なんですよね。最後に先生と話ができて良かったです。それが上官と部下としての会話であったとしても」

紀藤さんは泣き笑いといった表情を浮かべながら、ロックグラスを一気に飲み干した。

クラシックハウス

「ほんの三年前のことなので、よく覚えてますよ」

戸沢さんが結婚して新居に住み出した頃のことである。

辺りは建設ラッシュで、戸沢さんが住むマンションを含め新築のマンションがどんどん増えていった。

そのマンションの群れの中にポツリと、立ち退きに応じなかったと思われる一軒家があった。パッと見たところ築年数は相当経っていそうで、白かったであろう壁は焦げ茶色に変色し、蔦と言っていいのかわからないような植物が壁一面に絡み付いていた。窓ガラスも白く濁っている、いわゆるボロ家だった。

昼間はまったく人の出入りも気配すらもないのだが、夜になるとその濁った窓ガラスに薄くぼんやりと灯りが点り、これまた消え入るような薄い音量でクラシック音楽が流れてくる。不気味と言っていいこの家は、戸沢さんが毎日通る道沿いにあった。ただ慣れというものは不思議なもので、数週間もすると、そのボロ家も幽かに聞こえるクラシック音楽も戸沢さん夫妻の生活の一部になっていった。

四月に引っ越してきてから、初めての梅雨を迎えたある日の帰宅時、いつものようにボロ家の前を通るとわずかに違和感を覚えた。

（あれ？）

普段、ボロ家から流れてくるのはオペラの音楽だった。しかし今耳に入ってくるのは、聞き覚えのある短調の物悲しい音楽——「葬送行進曲」だ。

（この家から葬送行進曲なんて、まんまじゃねえか）

などと胸中で突っ込んでいると、

〈バリーンッ!!〉

破裂音がした。反射的に頭を押さえうずくまりながらボロ家に目をやると、通りに面している側にある窓ガラスが一気に割れて粉々になり、パラパラと落ちている。

異常事態に動揺したが、その場には戸沢さんしかいなかったので、すぐに一一〇番をした。

数分後、パトカーと消防車と救急車がサイレンを鳴らしてやってきた。

通報者として簡易的な事情聴取をされたので、目の前で起こったことや今までの状況を伝えると自宅に帰った。

帰宅後、妻にもそのことを話し、ふたりでベランダからボロ家を覗くと、手慣れた感じで警察官が家全体をブルーシートで覆っていた。

「あれ、殺人でもあったのかな?」

ふたりで顔を見合わせると、救急車、消防車、パトカーの順にサイレンを消して去っていった。

そしてその日から、ブルーシートで覆われた家の灯りは確認出来なかったが、音楽が聞こえることはなくなった。


ブルーシートで覆われてから約一週間後、戸沢さんは駅前の飲み屋にふらっとひとりで入った。ビール片手につまみを食べていると、大きな声で話すグループが入ってきた。

聞くともなく話が聞こえてきて「えっ」と戸沢さんは密かにびっくりした。

戸沢さんの耳に入ってきたのはあのボロ家に関する話だった。どうやら彼らは消防士のようだ。

「あの家、ガラスはバリバリに割れてたんだけど、中は結構整頓されてて、ミイラみたいに乾涸《ひから》びた夫婦の遺体が居間に並んでたんだよ。なんだろうね〜、心中なのかなんだかわからないんだけど。それにしても、市役所でも保健所でも覗いてやりゃいいのに、気の毒だよな〜」

ひとりがそう言うと、「事件性はなかったからなあ」とまたひとりが言い、まわりも大きく頷いていた。

あの家がそんなことになっていたなんてと戸沢さんも気の毒に思い、帰りに手を合わせようと、会計を済ませて店を後にした。

帰り道、角を曲がると、ブルーシートで覆われたボロ家が視界に入ってきた。

その時にふと、おかしなことに気がついた。

(あれ、待てよ。ミイラ化した遺体があったんだよな？　じゃあ、ついこの間まで聞こえていたあのクラシックは、誰がかけてたんだ？)

当然と言えば当然の疑問が脳裏をよぎると、もう目の前はボロ家だった。

ブルーシートの一片が外れたのか風にヒラヒラと揺れて、ガラスのない窓枠から内側が少し覗けるようになっていた。

首を伸ばし覗き込んでみると、いつものように灯りが点っている。

「あれっ？」

そして灯りに照らされた人の姿がふたつ見えた。夫婦らしき老年の男女がテーブルを挟んで向かい合っている。ふと、あのクラシック音楽が耳に入ってくる。

彼らは戸沢さんの視線に気づいたのか、こちら側を向いた。揃って笑顔で戸沢さんに丁寧なお辞儀をした。戸沢さんもつられるように頭を垂れた。

顔を上げ視線を戻すとそこに老夫婦はいない。いないどころか、ガラスの抜けた真っ暗なボロ家に戻っていた。

不思議と「怖い」という感情が湧かなかった、戸沢さんはそのままマンションに入り、妻にもこの出来事を話さずに就寝した。

就寝から数時間後、けたたましいサイレン音で目が覚めた。

「あなた、大変！」

妻に促されるままベランダに出ると、眼下のボロ家がボンボンと音を立てて燃え盛っている。消防車の必死の消火活動で、戸沢さんのマンションをはじめ隣接する建物に燃え移ることはなかったが、ボロ家は全焼し、綺麗さっぱりその存在を消した。

「わずか一ヶ月かそこいらの出来事なんですけど、あの家が全焼した時、もの凄く寂しい気持ちになったんですよね。あのわずかに聞こえるクラシック音楽が心のどこかで癒しになっていたと言うか」

そう言った戸沢さんに、恐らくボロ家の住人だったであろう老夫婦の霊らしきものは怖くなかったのか？　と訊ねると、まったく恐怖はなく、むしろ優しさや温かみを感じていたと返された。

数多の取材をしてきたが、今までと趣きの違う話を聞かせて頂いた。

番外　樹海のことその後のこと、そしてあとがき

この話は趣旨が少しズレてしまう気がしたので、番外とさせていただいた。

「志麻子さん、徳さん、樹海に行ってみませんか？」

皆様ご存知、著名作家で豹の岩井志麻子さんの当時のマネージャーWさんに誘われたのは二〇一七年九月のことだった。手前味噌になってしまうが、わたしは十月から東京MXテレビの昼の帯番組『ひるキュン』のアシスタントMCの就任が決まっていたので、二秒ほど迷ったのだが二秒後にWさんに返信しました。「もちろん行ってみたい」と（これはふたつ返事以外の何ものでもない）。

しかし「どうして急に樹海？」とも思ったので、問うてみると、

「この間、あるトークイベントで樹海マスターに会ったんですよ。それで今度樹海に行

こういう話になって、わたしはすぐに志麻子さんと徳光さんの顔が浮かんで、お声掛けさせていただいたというわけです」

なるほど。

そんな時に真っ先に顔が浮かぶ存在であるというのは、実に嬉しいものだ。

そして当日（東京MXテレビの昼の帯番組「ひるキュン」アシスタントMCとしての初出演前日）、岩井志麻子さん・岩井志麻子さんの韓国人夫L・Wさん・その同僚であるQさん・樹海マスター・わたしを乗せた車は一路、富士の樹海へ向かった（運転はQさん）。道中、樹海マスターにいろいろな質問をぶつけているうちにあっという間に樹海に到着した。

「えっ、ここがあの樹海？」

思わず声が洩れてしまった。わたしが想像していた樹海と目の前に存在する樹海とのギャップがあり過ぎて。

勝手なイメージだが、もっと恐ろしいところを想像していたのだが、目の前の樹海は公道沿いの駐車場からヒョイっと入れるハイキングコースだった。日曜日とあってか、まさにハイキングで訪れている人も多数いる。

しかしぐんぐん中に入って行くと、やはり樹海は想像どおりの樹海だった。

そして樹海マスターの案内により、わたしたちは二体の遺体と対面することになった。

詳細については岩井志麻子さんが書かれた『新潮45』(二〇一八年一月号　新潮社)をご覧いただきたい。


そしてここからは「その後」についての話になる。

断っておくが、わたしには霊感などという高尚な能力は無い。無いが故にそういったことに興味を抱き、みなさんのお話を聞いてそれを本というカタチにさせていただいているのだ。言わばメッセンジャー的な役割を担っていると思っている。その霊感のないわたしの身の回りに数奇なことが起こった。

まずはじめに、樹海から戻り、岩井さんたちと歌舞伎町で焼肉を摘み、帰宅すると体が異常に怠い。ここ最近風邪など引いてなかったのだが、体温計で計ってみると三十九度になっていた。「大事な本番前日になんてこった」などと思いながら、家中を探しやっと見つけた風邪薬をすべて飲んでしまった。するとクラクラとして眠くなり、翌朝目覚めるとすっきりしゃっきり元気になっていた(決して変なクスリではない)。念のため熱を計ってみたが三十六・三度、すっかり平熱に戻っていた。これはただの疲労か知恵熱（年齢的にあり得ないか）かであって、取り立てて気にしなかった。

そして一週間後、愛車のエンジンをかけると「ブウォン」いつもと違うエンジン音がなった。普通の四ドアセダンなのにフェラーリやポルシェのような音を響かせたのだ。元来がバカなので「あっなんかかっこいい」とか思ってしまって、そのまま高速道路に乗ったら、

〈ガタンッ〉

何かが外れる音がすると続けて、

〈ギーギーギー、ガーーー〉

何かを引き摺る音が聞こえ、尻に強い振動を感じたので非常駐車帯に車を寄せた。車体の下を覗き込むと、マフラーが車体から離れ、地面にくっついている。

これ以上の走行は無理と判断し、メーカーに連絡をして車を運んでもらった。

レッカー車に同乗し、工場まで行くと、

「とんだ災難でしたね。すぐに調べてみます」

そう言ってお茶を出していただき、ショールームで待っていた。

ものの数分も経たないうちに担当者がすっ飛んできた。

「徳光さん、こんなの見たことないです、前例がありません。とにかくご無事でなによりです」

額に汗を滲ませながら、安堵の表情を浮かべている。

なんと、わたしの車、マフラーが真っぷたつに裂けていたのだ。もしそのまま強引に運転をして目的地に向かっていたら炎上し、大事故になっていたそうだ。

そしてというかやはりというか、前例がないが故、修理には時間も費用もたんまり掛かってしまった。


さらに……。翌週、大好きなウェイトトレーニングの帰りに、ひとりでステーキを食べに行った時のこと。

二五〇グラムのステーキを食べていると、少々大きめの塊をロクに噛まず飲み込んでしまった。たまにやってしまうので、いつものように水で流し込もうとした。

が、胃に流れてくれない。これは少々厄介だと思い、水をさらに飲んだのだが、まったく流れてくれない。そのうち食道と喉に水がどんどん溜まり、吐き気がしたのでトイレに駆け込んだ。

指を口に入れリバースをしたのだが水しか出てこない。肉が食道に詰まってしまい塞き止められているようだ。

気管も圧迫され呼吸をするもの苦しくなってきたので、水を大量に飲んで流し込むかリバースするかと試みるが、いっこうに肉が動く気配はない。

店で救急車を呼んでもらうのも悪いので、車（切羽詰まっているのと代車なので操作に手間取った）に乗り込み、救急病院に直行した。

当直の看護師に苦しい喉元を抑えながら必死に説明すると、

「はいはい、そちらでしばらくお待ちください」

慣れたようなそしてどこか大事でもないような扱いをされ、順番をどんどん越されていく。その人たちを恨めしそうに見たところで、何かが解決するわけでもないので、先ほどと同じく水を飲んで流し込もうとするが肉の塊は微動だにしない。トイレに入ってリバースをしても水がジャージャー出るだけで、終いには泡が出てくる始末だった。

「あっ」ひとつ閃いた。

（逆立ちをしながら腕立て伏せをすれば揺れて出てくるかも）

すぐに端っこで実践にうつすとまわりからは数奇の目で見られる。当たり前だ、病院で逆立ちをして腕立てをしていれば、そういう目線を投げつけたくもなる。

あげく「何やってるんですか。じっとして待っててください」

看護師にピシャリとひと言、また当たり前のキツイお言葉をちょうだいした。

「徳光さん、お入りください」

やっと順番がやってきて、診察室に入り当直の医師に説明すると
「レントゲンを撮って確認後、内視鏡手術で肉の塊を切って胃に落とし込むしかないですね」と冷静に言われたので
「掃除機とかを口に突っ込んで、吸ってもらうとかできないんですかね？」

とにかくこの苦しさから解放されたい一心で、そう返すと
「医療の現場でそんなことはできません。それでは内視鏡手術には承諾が必要なのでここにサインをお願いします」

剣もほろろな標準回答にぐーの音も出ず、ペンを取ると――。

「ゲーー」

長いゲップが出た。看護師がわたしの口元にビニール袋をあてがうと〈ボロンッ〉と肉の塊がその中にだらしない速度で落ちていった。

医師と看護師が目を合わせ、笑いを堪えている。

が、苦しさから解放されたわたしは、

「ありがとうございます、おかげさまで助かりました」

深々と頭を下げた。

「あの～、徳光さん、おいくつでしたっけ？」

医師の問いかけに、

「四十五歳です！」

苦しさから解放された嬉しさの余韻をそのまま、元気に答えると

「四十五歳ですか？　もういい大人なんだから、しっかり噛んで食べましょうね、お大事に。次の方お入りください」

呆れたような笑い顔をした医師は次の患者を呼び込んだ。

診療代を払い病院を出たところで、スマホを覗くと画面に映し出されていたのは、なんとあの日の樹海の写真だった。

「えっ」

直前に見ていたわけでもなく、ここ最近も見ていなかった。

なんとなくではあるが、この瞬間に勘みたいなものがスッと過ぎったので、今ここに写し出されている写真ともう一枚の樹海写真をその場で消去した。

その後、トラブルらしいトラブルはまったく起こらなくなった。


さて、番外編までお読みいただきまして誠にありがとうございました。

今回の『冥界恐怖譚　鳥肌』いかがでございましょう。

『怪談手帖』シリーズは昨年上梓しました『遺言』を以て完結させていただきまして、新シリーズと言いましょうか装いも新たにタイトルを一新して挑ませていただきました。

『怪談手帖』シリーズと何が違うんだ？　そういった疑問をお持ちの方もお有りでしょうから少し説明しますと。まずタイトルが違います。そしてタイトルの画数が格段に多くなりました。もしこれを名前につけてしまったら、テストの時に田中一という人に比べ数秒不利になりますね。

そんな戯れ言はさておき、『冥界恐怖譚』になって自負するとしたら、前作に比べより雑多感は出せたと思います。

わたしは怪談でもなんでも雑多でいろいろ自由に選べる環境を好む気質がありまして、例えば駅地下などにある飲食店街とかヴィレッジヴァンガードとかデパートの食堂とか。なんかワクワクしません？　カテゴリーが決められた場所やモノよりも。

それが自身の本で表現できたらと思って、辿り着いたのが『冥界恐怖譚』ではないかと思います。


あっ、ちょっとだけ、愚痴というか言いわけというか、させてください。

『怪談手帖』シリーズに取り組んでいる時は割合に執筆だけに集中できたのですが、今回は生意気にも東京ＭＸテレビの昼の帯番組『ひるキュン』アシスタントＭＣを担当させていただきながらの執筆なので、ペース配分が結構難しかったんですよね。月曜から金曜日は定刻で昼に仕事があるので、脇目も振らずドンドン書いちゃって気がついたら朝八時、なんてことができなくて結構焦りました。

でもかっこ良く言っちゃうとこの両立は慣れてくると凄く心地よくて、一生この環境でほどよく苦しみたいななんてM欲も出てきちゃいました。出版関係者のみなさま、テレビ関係者のみなさま、そして何より読者のみなさま、機会をいただけるのであれば是非ともお願いいたします。

そうだ、あととっても重要なお知らせがあります。

わたしの作品がこの度映画化されます。『怪談手帖　怨言』の中に収めました「祟り」をもとに「シラユキサマ」という作品ができ上がりました。その脚本も担当させていただき、これまた試練をいただきました。

本の執筆と脚本の執筆ってここまで違うんだと頭を抱えましたが、映画に携わるスタッフのみなさまのおかげでカタチにすることができました。

ショートムービーなのですが、要所要所にビビらせポイントや裏切りやこだわりを盛り込んでおりますので、是非是非ご覧下さいませ。絶対に嫌な気持ちで家路につけると思います。

それと、『怪談手帖』シリーズに収めた作品が来年・再来年と映画化される予定なので、今一度、原作を手に取って映像と照らし合わせてご覧になってみてはいかがでしょうか？　どの作品が映画化されるかは追って恐怖新聞で配達します。

いいえ、本当は竹書房のＨＰもしくはアンドピクチャーズのＨＰに掲載される予定ですので、そちらをご覧いただけますと幸いと存じます。


最後になりますが、本作も様々みなさまのご協力をいただき出版と相成りました。編集を担当いただきましたＮ女史、佐藤企画マネージャーＧを筆頭に各位、平山夢明兄者、岩井（豹）志麻子様、両立をご理解いただいた東京ＭＸ『ひるキュン』スタッフの皆様、アンドピクチャーズ伊藤主税さん、諸江亮監督、竹書房Ｍ氏、そして取材にご協力いただきました皆様、誠にありがとうございました。

今後もこの道を邁進いたしますので、お力添えいただければと存じます。

そしてそして、数多の書籍の中から本作品をお選びいただいたあなた、あなたのおかげで書き上げることが出来ました。ただただ、感謝でございます。

では、またの機会にお目にかかりましょう。

9月大凶日

徳光正行

冥界恐怖譚 鳥肌

2018年10月5日　初版第1刷発行

著者　徳光正行
企画・編集　中西如（Studio DARA）
発行人　後藤明信
発行所　株式会社 竹書房
〒102-0072 東京都千代田区飯田橋2-7-3
電話03（3264）1576（代表）
電話03（3234）6208（編集）
http://www.takeshobo.co.jp
印刷所　中央精版印刷株式会社

定価はカバーに表示しています。
落丁・乱丁本の場合は竹書房までお問い合わせください。

ISBN978-4-8019-1618-0 C0176